Le Message de la Fleur

Les sentiers de la métamorphose

Le Message de la Fleur

Les sentiers de la métamorphose

D'après l'œuvre
d'Omraam Mikhaël Aïvanhov

Collection Évéra

PROSVETA

Table des matières

Éditions Prosveta S.A. – CS 30012 – 83601 Fréjus Cedex (France)

ISBN 978-2-8184-0154-5

Préface

Participant à nos joies comme à nos chagrins, les fleurs nous accompagnent dans tous les événements heureux ou malheureux qui surviennent dans notre vie. Par leur parfum, leur fraîcheur et l'infinie variété de leurs formes et de leurs couleurs, elles nous ravissent et sont une source d'inspiration pour le peintre, le poète et l'art floral en général. On peut cueillir la fleur, la respirer, en faire un poème, un bouquet, un tableau ou encore extraire ses quintessences pour ses vertus curatives. Mais le plus souvent on a recours à elle pour « faire joli » ou séduire…

C'est à un autre regard sur la fleur que nous convient ces textes épars dans l'œuvre du Maître Omraam Mikhaël Aïvanhov que nous rassemblons ici. La fleur sans doute se présente à nous comme une forme avec des couleurs et un parfum. Mais il ne faut pas s'arrêter là. Il nous faut chercher ce que cette forme, ces couleurs, ce parfum éveillent en nous. En apparence, la fleur dans sa fragilité et dans son côté éphémère n'est pas grand-chose, mais elle a des pouvoirs insoupçonnés. Elle peut devenir le point de départ de réalisations spirituelles. Emblème du cycle végétal, la fleur signifie quelque chose d'autre qu'elle-même.

En tant qu'image la fleur peut nous ouvrir une page du grand livre de la nature vivante et nous livrer une leçon sur notre vie intérieure.

« Je remercie le Ciel, nous dit Omraam Mikhaël Aïvanhov, de m'avoir donné cette faculté de lire les images. Toutes les manifestations de la Vie sont devant nous, autour de nous comme un livre inépuisable, et c'est avec elles que je veux vous instruire. Toutes les élucubrations abstraites sur telle ou telle question métaphysique ne vous apporteront rien, mais les images, elles, sont tellement précieuses et claires qu'elles resteront pour toujours dans votre tête comme des réalités irréfutables. »

En suivant ce fil conducteur, on s'aperçoit que comprendre la fleur, c'est aussi se comprendre soi-même et pénétrer dans les régions de notre âme et de notre esprit, ne pas laisser en friche notre jardin intérieur, développer les qualités propices à l'éclosion de l'Éveil, s'ouvrir à une vision de l'amour véritable.

À propos de la rose mystique[1] qu'il aimait dessiner et qui inspirait ses méditations, le Maître Omraam Mikhaël Aïvanhov dira :

« À mon insu, ce symbole venu d'un très lointain passé, avait émergé en moi. Je le dessinais sans cesse, et il me parlait... Instinctivement j'avais compris qu'un symbole est comme une graine qu'il faut semer et faire croître en soi en lui donnant de l'eau, de la chaleur, de la lumière. Peu à peu j'ai vu ses fleurs apparaître et aujourd'hui encore, je récolte ses fruits et je m'en nourris. »

Manifestation de la réalité vivante, de la vie qui se régénère périodiquement en formes sans nombre, la fleur symbolise d'abord la joie de vivre qui éclate à la fin de l'hiver et qui chante la victoire – ne fut-elle que provisoire – de la vie sur la mort. Elle est un régal pour les yeux, une source d'émerveillement, une épiphanie de la vie cosmique. Elle nous rappelle cette vérité toujours oubliée que le monde fut créé pour le bonheur et la beauté.

Par son symbolisme, la fleur ne nous renvoie pas seulement à la régénération de la nature et à une certaine idée de l'état édénique, mais aussi au commencement d'une vie nouvelle. Elle nous conduit à l'idée d'un état spirituel à atteindre. Que ce soit sous la forme du lys, de la rose, du lotus, du perce-neige, la fleur nous apprend à intérioriser la pureté, l'amour véritable, la sagesse, la persévérance, l'éveil, bref elle est l'emblème d'un parcours initiatique.

Dans le taoïsme comme dans le système des chakras, « la fleur d'or » comme le lotus aux mille pétales s'ouvrant sur le sommet de la tête, symbolise le degré supérieur de l'illumination.

Pour l'atteindre, il nous faut opérer toute une alchimie intérieure, connaître les lois de la floraison, cueillir les unes après les autres les fleurs du zodiaque et se relier à l'Arbre de Vie qui est planté pour notre renaissance et la guérison des Nations.

Oui, grâce à elle l'idée de beauté et de perfection peut trouver en nous l'occasion de s'épanouir. Modèle de développement, support pour la méditation, adjuvant précieux pour notre transformation, la fleur peut devenir une véritable discipline spirituelle.

En dialoguant avec elle, en nous laissant inspirer par elle, prenons la pleine mesure de ses pouvoirs de métamorphose sur notre vie.

À travers elle, puissions-nous recevoir les précieuses instructions du Maître !

L'éditeur

1. Cf. La Rosace, page 62

Les Fleurs nous parlent

I

Prélude

Regardez les Fleurs

«Regardez les fleurs : elles se ferment pendant la nuit, tandis que le jour elles s'ouvrent au soleil.

Eh oui, c'est un langage. Les fleurs nous parlent. Elles nous disent : « Vous ne pouvez ouvrir les âmes que par l'amour, la bonté, la douceur. »

Mais qui les comprend ?»

Omraam Mikhaël Aïvanhov

Jardin aux tournesols,
de Gustav Klimt (1905-1908 – Osterreichisches Galerie, Vienne)

Allez auprès des fleurs et écoutez-les

« Allez auprès d'une source, d'une fontaine et imaginez que c'est en vous que cette source jaillit et coule.

Allez auprès du soleil, contemplez-le, ouvrez-vous à lui, afin qu'il éveille en vous le soleil spirituel, sa chaleur, sa lumière…

Allez auprès des fleurs pour leur demander le secret de leurs couleurs, de leurs parfums, et écoutez-les, afin d'apprendre à extraire vous aussi les quintessences les plus parfumées de votre cœur et de votre âme.

On aime un arbre parce qu'il a des fruits,

On aime une source parce que l'eau jaillit en chantant,

On aime les fleurs parce qu'elles ont des couleurs et des parfums,

De la même façon on aime les créatures qui s'ouvrent pour donner quelque chose de clair, de lumineux, de parfumé, de mélodieux.

Oui, il faut chercher les vrais miracles

dans le soleil qui se lève,

une fleur qui s'ouvre,

un enfant qui sourit,

ou dans la façon dont l'être humain lui-même est construit. »

***L'ange du levant**,*
d'Ivano Marchesani (1982),
« L'art qui éveille la Superconscience »
(éditions Les Rayons du Soleil)

La fleur est la demeure d'une entité qui vient nous parler de la terre et du ciel

« On aime recevoir des fleurs et en offrir, on en met dans la maison, on en plante dans le jardin, on va les admirer dans les parcs ou dans la campagne, on s'émerveille de leurs formes, de leurs couleurs, de leurs parfums. Mais on les considère avant tout comme des éléments de décoration, qui contribuent à rendre l'existence plus agréable ; donc cet intérêt pour les fleurs reste superficiel et on ne reçoit pas grand-chose de leur présence…

Mais que sont les fleurs en réalité ?

Des êtres vivants avec lesquels on peut entrer en relation… Oui, une fleur n'est pas seulement une parcelle de matière colorée et parfumée, elle est la demeure d'une entité qui vient nous parler de la terre et du ciel. Et si on sait comment la regarder, comment se lier à elle, on entre en contact avec les forces de la Nature, avec les entités qui travaillent à faire d'elle cette présence tellement vivifiante et poétique. »

La leçon de la fleur

« Le soleil se penche sur les petites graines et leur dit :

– Alors, qu'attendez-vous ? Vous devez maintenant donner quelque chose. Allez, au travail !

– Mais nous sommes toutes petites, nous sommes faibles…

– Non, non, essayez, vous allez voir, je vais vous aider.

Et alors, toutes les petites graines prennent courage. Chaque jour le soleil les chauffe, leur parle, et quelque temps après on voit apparaître des fleurs magnifiques auprès desquelles les poètes, les musiciens viennent s'émerveiller et s'inspirer.

Eh bien maintenant, pourquoi ne pas comprendre qu'il peut se passer la même chose avec nous, les humains ? Nous sommes des graines plantées dans le sol divin, et sous les rayons du soleil, nous pouvons donner des couleurs, des parfums si extraordinaires, que même les divinités seront extasiées.

Parce que, regardez, qu'est-ce qu'une fleur ? Elle ne sait ni chanter, ni danser, ni jouer du violon, et pourtant même les danseurs, les chanteurs, les musiciens s'extasient devant elle… Et alors, si nous savons être comme des fleurs, pourquoi les divinités qui sont tellement au-dessus de nous ne viendraient-elles pas s'extasier ? Elles diront : « Oh ! quelle gentille fleur ! » Et elles s'occuperont de nous pour nous rendre encore plus purs, plus lumineux et plus parfumés. »

Des racines aux fleurs

« L'homme est construit à l'inverse des plantes : ses racines se trouvent en haut dans le plan causal. Oui, les racines de l'homme sont dans son cerveau, c'est par son cerveau qu'il puise des forces.

Chez les plantes, le cerveau se trouve dans la terre, ce sont leurs racines ; les feuilles sont leurs poumons et les fleurs sont les organes sexuels. La plante qui n'a pas pu effectuer correctement son travail dans les racines ne peut rien produire. L'arbre qui ne produit pas de fruits a été gêné dans ses racines. De même, l'homme reste improductif et ne peut se manifester correctement dans le plan physique s'il n'a pas su puiser des forces dans le ciel par son cerveau. »

L'arbre alchimique *(manuscrit de 1788)*
La main de Dieu tient l'Arbre de la Vie et de la création où les hommes peuvent choisir les fruits du Bien ou du Mal

Le Jardin d'Éden

« Le Seigneur Dieu planta un jardin en Éden,
À l'Orient et il y plaça l'homme qu'il avait formé. **»** *(Genèse 2,8)*

« Quand Adam et Ève vivaient au Paradis, dans le Jardin d'Éden, c'était comme s'ils vivaient dans les fleurs d'un Arbre. Les fleurs sont exposées à l'air, à la lumière du soleil, elles reçoivent la visite des papillons, des abeilles… C'est une vie céleste et rayonnante que l'on vit dans les fleurs… Mais un jour, sous l'influence du Serpent qui représente l'Intellect, Adam et Ève ont quitté les fleurs et sont descendus à travers le tronc, jusqu'aux racines de l'Arbre Cosmique pour voir d'où venait cette énergie, cette sève, cette vitalité qui circulait dans l'Arbre. Les régions qu'ils ont atteintes étaient privées de lumière et de chaleur ; ils ont alors senti le poids de la matière et tout est devenu plus difficile pour eux…

Ce qui s'est passé dans le Jardin d'Éden ne cesse de se passer en nous sous une forme ou sous une autre : l'Arbre de Vie, l'Arbre de la Connaissance du bien et du mal, le Serpent, tout est dans l'homme et il faut l'y trouver. À ce moment-là, on comprend que Moïse n'a rien inventé et que c'est une histoire éternelle : on vit heureux dans le Paradis, et puis on est tenté par les racines, et on quitte le Paradis… »

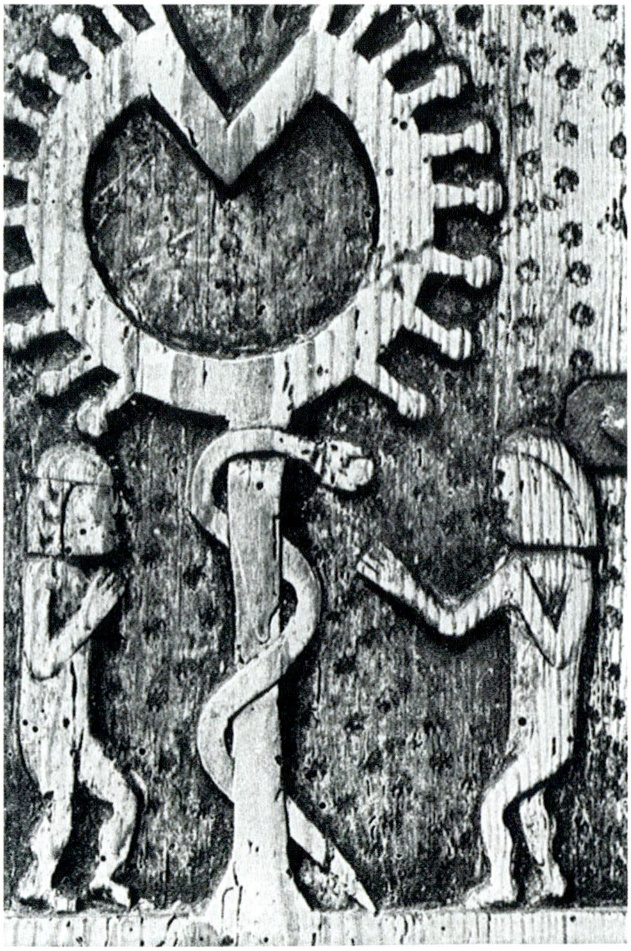

L'arbre du Bien et du Mal,
art populaire norvégien du XVIIIe siècle

***Le jardin d'Éden**,*
dans « Les très riches Heures du Duc de Berry »

Ève surpassait toutes les fleurs par son parfum

« Une tradition rapporte qu'au Paradis, dans le Jardin d'Éden, Ève surpassait toutes les fleurs par son parfum. Mais après le péché originel qui représente une descente dans les régions plus obscures de la conscience, elle a perdu cette propriété de distiller les parfums, et les fleurs ne l'ont plus reconnue. Car les fleurs sont pures, chastes, elles n'ont aucun désir astral, et en voyant la faute qu'Ève avait commise, elles ont renoncé à lui communiquer comme avant toutes leurs vertus.

Pourquoi croyez-vous que la plupart des femmes aiment se parfumer ? Cela vient d'un passé très lointain, quand dans le Paradis, le Seigneur avait confié à Ève le soin de la végétation. Ève a été la première botaniste, elle s'occupait des arbres, des fleurs, tandis qu'Adam était le premier zoologue, il s'occupait des animaux. Donc Ève s'occupait tellement de ses fleurs qu'elle émanait les mêmes parfums, elle était elle-même devenue une fleur. Mais après le premier péché, quand Adam et Ève ont été chassés du Paradis, Ève a perdu cette faculté d'émaner des parfums, et comme cela lui manquait, elle a commencé à chercher des parfums à l'extérieur, dans les plantes. Avant la chute, ces parfums émanaient d'elle parce qu'elle possédait des qualités, des vertus qui se manifestent justement dans le plan physique sous la forme de parfums. Chaque parfum est une vertu en haut qui devient un parfum en bas.

Oui ! En se parfumant, la femme désire inconsciemment retrouver ce don qu'elle avait au Paradis d'exhaler naturellement des parfums. Mais se parfumer n'est pas la meilleure méthode ; se parfumer, se maquiller même n'est pas répréhensible, mais si la femme apprenait à développer certaines qualités et vertus, elle n'aurait plus besoin d'artifices, elle retrouverait son vrai parfum, elle retrouverait la beauté des origines. »

La tentation d'Adam et Ève,
vitrail

La tentation d'Adam et Ève,
gravure sur bois
(France, vers 1500)

Une âme qui ne souffre pas reste un bourgeon fermé

« Le Maître Peter Deunov disait : « Les souffrances représentent pour l'homme ce que sont les conditions naturelles de croissance et de développement pour les plantes. L'âme qui souffre donne des fleurs qui se transformeront un jour en fruits. Une âme qui ne souffre pas reste un bouton fermé… Nourris donc ton âme des fruits mûrs de la vie et tu conquerras ta liberté. » Qu'est-ce que cela signifie ?

Dans la vie nous avons le choix entre deux attitudes : celle des paresseux qui se contentent de se mettre à l'abri pour somnoler, stagner, et celle des êtres éveillés et courageux qui ont décidé de croître dans la lumière, quelles que soient les difficultés. Comme les plantes : étant fixées au sol, les plantes sont obligées de supporter la chaleur, le froid, le vent, l'orage… Ce sont certainement des conditions pénibles, mais malgré cela elles poussent et fleurissent. Et combien sont belles leurs couleurs et agréables leurs parfums. »

Pour les fleurs, la souffrance c'est leur parfum

« La souffrance donne à l'homme la possibilité d'entrer en lui-même pour réfléchir, méditer et attirer à lui des esprits supérieurs susceptibles de le guider et de lui venir en aide. Si vous souffrez, en acceptant et en sachant apprécier cette souffrance par laquelle le Ciel veut vous transformer, il sortira de vous un être exceptionnel. Il n'y a pas de plus grande science que de savoir souffrir.

Pour les fleurs, la souffrance c'est leur parfum. À cause des difficultés qu'elles ont à surmonter pour résister aux intempéries et subsister malgré tous les dangers qui les menacent, les fleurs dégagent un parfum exquis et nous les aimons.

Toutes les souffrances ne dégagent pas de tels parfums, car la majorité des humains qui ne savent pas souffrir poussent des cris à la moindre douleur. Seul celui qui sait comment accepter, comment considérer, comment transformer les souffrances, dégage ce parfum.

Lorsqu'un Initié souffre, parce qu'il prend sur lui les fardeaux et les péchés des hommes, comme l'a fait Jésus, cette souffrance acceptée par amour exhale le parfum le plus délicieux. Et les anges viennent se délecter auprès de lui comme nous nous réjouissons dans un jardin auprès des fleurs, auprès d'un arbre en fleurs. »

Ange bleu à la harpe,
de Robert Allen Haas © Hallmark Cards

La fleur est comme un talisman

« Un garçon a mis entre les pages d'un livre la fleur que lui a donnée la jeune fille qu'il aime. Bien sûr, très peu de temps après, les pétales sont fanés, décolorés, mais qu'importe ! Chaque fois qu'il regarde cette fleur, il lui semble que sa bien-aimée lui sourit et lui dit mille choses à travers elle. Il la met contre son cœur, il y pose les lèvres, elle est comme un talisman qui lui ouvre les portes du Ciel. Il est rempli de joie, il se sent inspiré, il devient poète…

Mais le temps passe et voilà que les relations avec cette jeune fille ne lui paraissent plus aussi idéales : c'est à peine s'il remarque la fleur, les pages du livre, elle ne lui dit plus rien, c'est comme si elle était devenue vide, muette.

Et un jour, il finit par la jeter au panier. Que s'est-il passé ? La fleur est toujours là, elle n'a pas changé, mais lui a changé : c'est lui qui avait fait de cette fleur un talisman, et c'est lui qui lui a enlevé son pouvoir. »

Ces fleurs dont je vous parle sont une image

« Apprenez à vous nourrir du parfum des fleurs, ne les cueillez pas, car une fleur cueillie est déjà morte. Dieu l'a placée dans son jardin où elle est rayonnante et libre. Vous voudriez à tout prix la prendre chez vous, ou la mettre à votre boutonnière afin que tous voient qu'elle vous appartient. Pourquoi ? Cela ne vous suffit pas de pouvoir respirer son parfum ?

Évidemment, ces fleurs dont je vous parle sont une image. Elles représentent les êtres humains, des hommes, des femmes. Et les parfums, ce sont leurs émanations, tout ce qu'ils répandent autour d'eux de lumineux, de chaleureux, de poétique. Personne ne vous reprochera de respirer ces parfums, ils sont pour tout le monde, et surtout pour ceux qui savent les apprécier.

Tandis que si vous avez coupé une fleur pour vous emparer d'elle, le Ciel vous accusera, il vous dira qu'à cause de vous cette fleur s'est fanée, desséchée. Elle était plantée dans le sol de la Divinité, pourquoi l'en avez-vous arrachée ? »

Lacs de Rila,
Bulgarie

Comme les Vestales, la femme peut devenir une conductrice de la Mère divine

« Les Initiés ont compris que la femme est un laboratoire, une fleur, qui sécrète des essences qui peuvent embaumer l'atmosphère, et que si on pouvait apprendre à certaines femmes, comme les Vestales[1], à émaner ces essences pures, elles deviendraient des conductrices de la Mère divine.

Il y a eu des femmes dans le passé, ce sont des cas rapportés dans l'histoire, qui dégageaient des parfums de fleurs : la violette, le jasmin, la rose… Et même je vous dirai qu'il y a des années, je me trouvais à Lyon, et un jour où nous faisions une excursion avec un groupe de frères et sœurs, il y avait parmi eux une fille très jeune qui dégageait le parfum d'une fleur qui pousse au sommet des montagnes. C'était un parfum délicieux, tellement pur, tellement prenant ! Et je me disais : « Ah, Seigneur, si toutes les jeunes filles sur la terre pouvaient répandre un parfum pareil, le monde entier serait bouleversé ! »

S'il existe une fille sur la terre capable de distiller ce parfum, d'autres peuvent le faire. Seulement bien sûr, c'est toute une façon de vivre qu'il faut changer. »

La danse des Vestales,
fresque d'Antonio Canova

1. Vestales : Prêtresses choisies par le Grand Pontife dans les meilleures familles de Rome, au nombre de dix-huit, et qui entretenaient jour et nuit le feu sacré sur l'autel de Vesta.

Il y a d'autres fleurs à offrir, des fleurs invisibles

« Vous voudriez offrir des fleurs à des amis que vous allez visiter, mais voilà qu'il est tard et les boutiques sont fermées. Qui vous empêche de vous concentrer quelques minutes, avec tout votre amour, en IMAGINANT les fleurs les plus belles, les plus fraîches ? Et vous pouvez même ajouter une carte avec quelques mots gentils pour eux. Quand vous arriverez, ils sentiront quelque chose de spécial et vous verrez avec quelle joie vous serez reçu. Mais est-ce ainsi que vous avez l'habitude de vous préparer à visiter vos parents et vos amis ? Non, même si vous leur apportez des fleurs, pour la forme, il vous arrive de ruminer quelques griefs contre eux, et vous imaginez comment vous allez régler certains comptes. Alors, quel bien peut-il résulter de votre visite ?

Il ne faut jamais aller chez quelqu'un sans penser à lui apporter quelque chose de bon. Même si vous n'êtes pas peintre pour lui peindre des tableaux, même si vous n'êtes ni chanteur ni musicien pour pouvoir chanter ou jouer avec lui, intérieurement, vous avez toutes les possibilités de chanter, de jouer, d'apporter les plus beaux cadeaux. La VRAIE MAGIE est là. »

La Vigne de l'Âme, tableau de Maria Vermard

La magie du printemps

Pensez à vous lier à l'Archange Raphaël

« Au cours de l'année, le passage d'une saison à l'autre se fait par quatre points appelés équinoxes et solstices, qui sont comme des nœuds de forces déterminées. Le déploiement de ces forces est organisé et réglé par de grands esprits chargés de leur répartition à la surface de la planète. Car il ne faut pas penser que tout s'opère mécaniquement dans la nature. Non, tous les changements sont produits par le travail d'entités qui ont la charge de s'occuper soit des planètes, soit des animaux, soit des hommes.

C'est l'Archange Raphaël qui règne sur le printemps. Cet Archange est à la tête de myriades d'esprits auxquels il donne l'ordre de travailler sur la régénération et la croissance de la végétation. Alors, dès le commencement du printemps, pensez à vous lier à l'Archange Raphaël, demandez-lui de vous rendre réceptif aux vertus cachées des arbres, des herbes et des fleurs, afin que la nouvelle vie puisse aussi pénétrer en vous.

À l'inverse de l'Archange Gabriel qui concentre les énergies, l'Archange Raphaël les libère. Et pour les libérer, il fait d'abord mourir la graine afin que tout ce qu'elle contient puisse sortir et devenir racines, tige, branches, feuilles, fleurs et fruits... fruits qui donneront de nouvelles graines.

***L'archange Raphaël**,*
d'Ivano Marchesani (1999),
« L'art qui éveille la Superconscience »
(éditions Les Rayons du Soleil)

Jusque-là, la graine était une créature figée, paralysée, stagnante… Un peu comme un cadavre abandonné dans un cercueil, la graine semble morte. Mais au printemps, avec le retour de la chaleur, partout où il y a des graines, c'est la résurrection : chacune est comme un petit tombeau qui s'entrouvre ; l'Archange Raphaël se met à l'œuvre, la pierre est enlevée par les anges de la hiérarchie des Bneï-Elohim auxquels il commande, et le germe apparaît. C'est la chaleur qui est la cause de cette résurrection, et elle doit encore augmenter pour que vienne la maturité. Ouriel c'est le feu, la flamme, toute la chaleur de l'été. Depuis longtemps déjà l'arbre a fleuri.

Mais qu'est-ce qu'une fleur ? C'est l'organe de la plante qui se rapproche le plus du règne animal. Cette partie animale de la plante possède la sensibilité, avec quelque chose qui s'apparente au système nerveux : elle s'ouvre à la lumière et se ferme à l'obscurité. On peut donc aller plus loin et dire que c'est dans la fleur que se forme le corps astral de la plante. La fleur est en fait le sexe de la plante, c'est là qu'a lieu la fertilisation. Et Ouriel travaille donc avec la chaleur pour que les fleurs produisent des fruits... »

L'archange Gabriel,
d'Ivano Marchesani (1985),
« L'art qui éveille la Superconscience »
(éditions Les Rayons du Soleil)

Comme le papillon, se nourrir du nectar des fleurs

« La nature a placé partout des signes pour instruire les disciples et leur faire comprendre les transformations qu'ils doivent produire en eux. Jusque-là ils ressemblent à des chenilles lourdes et laides qui mangent les feuilles des arbres et font toutes sortes de dégâts. Il faut qu'ils se décident à entrer en eux-mêmes pour réfléchir, méditer sur la nécessité de renoncer à certaines tendances inférieures. Ils déclencheront ainsi de nouvelles forces et après quelque temps, à l'image de la chenille, ils sortiront comme des papillons légers et libres qui ne détruisent pas les feuilles, mais se nourrissent simplement du nectar des fleurs. Le papillon est un symbole de l'âme échappée de toutes les limitations, et c'est cela la résurrection, la vraie. Le corps physique ne ressuscite pas : la résurrection c'est le réveil en l'homme de quelque chose qui s'était endormi et qui, un jour après un long travail de maturation, s'éveille à la lumière…

Les chenilles ne comprennent pas le bonheur des papillons. Si vous leur expliquez le délice de recueillir le nectar, elles disent : « Laissez-nous tranquilles !… Il n'y a que les feuilles qui se mangent. » Alors que les papillons comprennent très bien les joies de visiter les fleurs. Pour avoir détruit des feuillages, les chenilles sont poursuivies et tuées. Les papillons ne détruisent rien et restent libres de poursuites. »

Le secret du papillon

Ô joli papillon, sans cesse t'agitant
Qui va de fleur en fleur te poser un instant
Petit prince de l'air voudrais-tu t'arrêter ?
Me donner ton secret, toi, le ressuscité !
Qui que tu sois : Sylvaine, Aurore ou Apollon
Dis-moi ce que tu sais, peu m'importe ton nom.

– Alors, écoute enfant, car mon histoire est tienne
Tu aimes la lumière ? et la lumière est mienne.
L'homme encore inconscient rêvait de liberté ;
Mais comment accéder à cette immensité
Qu'il voyait lumineuse ? Il crut à un mirage.
Le Ciel, dans sa bonté, lui fit don d'une image :
Un être de lumière et de métamorphoses
Mais qui devra lutter avant l'apothéose.

Je naquis donc ainsi d'une Pensée Divine :
Misérable effigie qui lentement chemine,
Me nourrissant de feuilles en regardant les cieux
Comme il me semblait loin ce monde merveilleux !
Fatigué de ramper j'eus un puissant désir,
Mais alors à la terre il me faudrait mourir.

Je tissai un abri de ma propre substance ;
Là je contemplerais dans un parfait silence
Le rêve de ma vie : vision de lumière…
Et durant bien des jours je restai en prière.
Soudain, ô volupté ! Je me sentis des ailes,
L'aurore se levait, je m'envolai vers elle.
J'avais vaincu la mort. Et dans l'air embaumé
La rose, mon amante eut mon premier baiser.

Dans le Grand Livre, enfant, apprends à découvrir
Ses pages toutes d'or, pages éblouissantes.
Ne cherche pas « Pourquoi »,
mais COMMENT devenir.

Et tes ailes, un jour, seront étincelantes.

Poème d'IRIS
« Images et symboles de la nature vivante »

Comme le papillon l'Initié aime visiter les fleurs

« Tous les problèmes que les humains cherchent à résoudre ont leur solution dans le Grand Livre de la Nature. C'est ainsi que les abeilles et les papillons nous donnent la solution au problème de l'amour.

Comment les humains comprennent-ils généralement l'amour ? À la manière des chenilles qui mangent les feuilles des plantes. Mais la chenille devient un jour un papillon, et le papillon ne mange plus les feuilles, il visite les fleurs sans les abîmer pour se nourrir de leur nectar…

Comme le papillon, l'Initié aime visiter les fleurs, c'est-à-dire toutes les créatures humaines, et son amour ne les abîme pas, car il ne prend d'elles qu'une minuscule goutte de quintessence et comme l'abeille, il fabrique dans ses laboratoires le miel qui servira de nourriture au monde entier.

Vous voyez, toutes les solutions sont dans la nature : c'est là qu'il faut aller les chercher. »

L'abeille est aussi le symbole de l'Initié

« L'homme né une seconde fois devient pareil aux abeilles : il ne mange pas les feuilles, mais il butine les fleurs pour y recueillir ce qui est le plus délectable dans la nature. Il sait préparer le miel…

De même que l'abeille ne mange pas les fleurs, l'Initié, au lieu de dévorer les humains comme le font la plupart des gens, ne prend d'eux que ce qui est le plus spirituel. Grâce à ses connaissances alchimiques, il prépare dans son cœur, dans son âme, une quintessence, une nourriture, un parfum délicieux que les anges viennent recueillir…

Voilà ce qu'est une abeille, c'est-à-dire un Initié. Dans chaque âme humaine, même celle des criminels, il trouve toujours des éléments divins, et c'est avec toutes ces quintessences qu'il produit le miel.

Les êtres qui savent tout transformer, tout sublimer, tout illuminer, préparent du miel : ce sont des abeilles. La ruche est en eux-mêmes, et le miel ce sont les éléments les plus purs, les plus subtils qui se dégagent d'eux : leurs émanations.

Tous les êtres humains sont appelés à extraire cette quintessence pour la transformer à l'intérieur d'eux-mêmes. Ils doivent apprendre à le faire et pour cela, travailler avec l'intellect, le cœur et la volonté, car avec ces trois éléments on peut tout réaliser dans l'alambic intérieur. C'est cela la véritable alchimie. Beaucoup d'alchimistes n'enseignent que cela : comment devenir une abeille, comment extraire le meilleur de tout ce qui se trouve dans la nature et surtout chez les êtres humains. Ils les regardent, ils leur parlent et chaque être humain est une fleur pour eux.

Oui, l'abeille est le symbole de l'Initié qui ne pense qu'à faire du bien, à éclairer les autres, les aider, les inspirer, les unir et les harmoniser pour créer une Fraternité Universelle.

En observant la vie des abeilles, j'ai compris combien elles sont des créatures évoluées. Non seulement elles nous donnent un exemple de société remarquablement organisée, mais elles sont aussi le symbole du véritable disciple qui travaille à la préparation du miel, cette nourriture unique, extraite des fleurs, et délectable.

Ainsi les abeilles m'ont laissé l'image idéale des créatures qui ont appris à nourrir les âmes avec ce qui existe de plus pur et de plus parfumé. »

***Virgile écrivant la vie des abeilles**, gravure extraite des Géorgiques*

Le printemps reviendra et vous fleurirez à nouveau

« Au printemps, lorsque les arbres refleurissent, ils mettent de nouvelles parures, et tous sont heureux d'aller les contempler, ils se sentent bien auprès d'eux. Il en est de même des êtres humains. Pourquoi quelqu'un vous attire-t-il à certains moments plutôt qu'à d'autres ? Il a pourtant la même apparence physique qu'avant, mais vous l'aimez car il s'est couvert de fleurs, symboliquement parlant. On n'aime pas les arbres ternes et nus. Donc, si vous sentez qu'on ne vous aime pas, ou qu'on ne vous aime plus, dites-vous : « Je suis en train de traverser l'hiver, mais dois-je pour cela me désoler ? Non, je travaillerai et le printemps reviendra. » Se décourager, c'est ne pas comprendre que la vie est un mouvement perpétuel. Même si actuellement vous êtes en train de traverser l'hiver, gardez confiance : l'esprit reviendra se manifester et vous refleurirez à nouveau. »

Le printemps *(détail),*
de Botticelli (1482,
Galerie des Offices, Florence)

Jeunes ou vieux, il faut se mettre à l'unisson du renouveau qu'apporte le printemps

« Dès l'approche du printemps, on sent toute une vie qui s'éveille : les fleurs, les arbres, les oiseaux…

Dans la nature, c'est une nouvelle vague qui déferle. Voilà un des phénomènes les plus extraordinaires : le renouveau ! Chaque année tout se renouvelle sauf les humains ! Les humains eux restent tels qu'ils sont, ils ne se mettent pas à l'unisson de ce renouveau, ils sont fermés. Mais pourquoi ? Qu'ils fassent l'effort de s'ouvrir, d'ouvrir en eux les portes et les fenêtres pour que cette vie puisse pénétrer en eux et les imprégner… Certains diront : « Mais ce n'est pas pour nous, c'est fini. Le printemps, c'est pour la jeunesse ». En raisonnant ainsi, ils se coupent des sources de la vie.

Tous doivent marcher avec le renouveau, et on ne fait pas ici de distinction entre les jeunes et le vieux. Est-ce que vous avez entendu de vieux arbres dire : « Oh nous, vous savez, on a déjà passé l'âge de fleurir et de reverdir, on laisse ça aux jeunes, maintenant » ? Non, eux aussi au printemps se couvrent de fleurs et de feuilles. Donc, même les vieilles grand-mères, même les vieux grand-pères doivent entrer dans la ronde du printemps, trotter, sauter, danser – au moins symboliquement – et tous iront mieux. »

Le printemps, c'est la pierre philosophale

« L'entrée du soleil dans la constellation du Bélier est pour les alchimistes d'une importance capitale, car c'est l'époque où le soleil, le principe masculin, travaille sur le principe féminin, la terre, qui reçoit ses rayons, les absorbe, et commence à produire des feuilles, des fleurs et des fruits. Le printemps, c'est donc la pierre philosophale, la vie qui rajeunit toute la nature. Le feu du soleil agit sur la matière première, la terre, pour lui insuffler la vie. Voilà le symbole alchimique du printemps.

Pendant l'hiver, la terre est déserte et froide, mais après quelque temps de « cuisson » de la matière, tous les trésors commencent à apparaître. »

***Le chant du Soleil Yarif**,*
peint sur laque par B.M. Vermolaev,
musée des arts appliqués (Moscou)

C'est l'amour qui crée le printemps

« Lorsque nous n'avons pas d'inspiration, nous sommes comme l'arbre en hiver, mais il faut savoir que les inspirations viennent périodiquement, comme la floraison de l'arbre quand les conditions sont réunies, au printemps. Il dépend donc de nous de créer dans notre âme les conditions du printemps. Et comment ? Par l'amour. C'est l'amour qui crée le printemps en l'homme, mais pas n'importe quelle sorte d'amour : l'amour spirituel… Par l'amour nous créons les conditions de sa venue.

Pour comprendre ce qu'est véritablement l'amour, il faut réaliser qu'il n'est pas un sentiment, car le sentiment est obligatoirement sujet à des variations, selon qu'il s'adresse à telle ou telle personne. Il est donc un état de conscience indépendant des êtres et des circonstances. Aimer, ce n'est pas avoir un sentiment pour quelqu'un, mais faire toute chose avec amour : parler avec amour, marcher avec amour, respirer avec amour, étudier avec amour. C'est avoir accordé tous ses organes, toutes ses cellules et toutes ses facultés pour qu'ils vibrent à l'unisson dans la lumière et dans la paix. Toutes les manifestations de notre être sont alors imprégnées d'ondes, de fluides divins. L'amour est un état de conscience permanent. Le jour et la nuit, l'homme qui vit dans cet état est prêt à faire tout dans la joie et tout ce qu'il fait est une mélodie. »

Jour de fête

« Éveillez-vous fleurettes, vous toutes mes sœurs !
Des bois, des prés, des champs et des jardins, venez ;
Car ce jour est pour nous de fête et de bonheur.
Pressons-nous à l'autel en rangs bien ordonnés. »

Ainsi s'est exprimée la suave Jacinthe
Qui sut faire tinter ses multiples clochettes.
Et la lune, là-haut, n'est pas encore éteinte
Que déjà chaque fleur secoue sa collerette.

À l'appel entendu, un cortège s'avance :
C'est d'abord la Bruyère avec le Serpolet ;
Et puis les Fleurs des champs marchant avec aisance
À travers les Chardons aux piquants violets.

« Mais quelle est parmi nous, celle dont le mérite,
Le cœur et les vertus appellent notre hommage,
Demande le Bleuet à dame Marguerite ?
Pourrais-tu nous le dire en ton simple langage ? »

« À ce jeu imprudent je perdrais ma couronne.
Ne possédons-nous pas chacune une vertu ?
Couleur, parfum, beauté, c'est cela qui se donne,
Le fruit d'un lent travail, d'un effort soutenu. »

Du sein de l'assemblée soudain un long murmure.
On croyait voir le Lys et c'est… la Patience.
Humblement elle va, d'une démarche sûre
Vers l'autel qui l'attend, monter sans défaillance.

« Pourquoi nous étonner ? » s'exclame la Pensée.
« Faire avancer les mondes est là son privilège ».
« Amère souveraine » dit Narcisse froissé.
« Sans Elle où serions-nous ? » répond le Perce-neige.

« Du créateur elle est le puissant attribut.
Amère, elle est toujours, mais par nécessité,
Car de l'œuvre Divine ne connaît que le but
Qui pour tous est : Amour, sagesse et vérité. »

*

Fleurs de toutes saisons, les petites, les grandes
Sur ces sages paroles présentent leurs offrandes ;
Puis, en fin d'un beau jour elles s'en sont allées
Retrouver leur sommeil sous la voûte étoilée.

Poème d'IRIS
« Images et symboles de la nature vivante »

Voyez les oiseaux du ciel, voyez les lys des champs

« Observez les oiseaux du ciel : ils ignorent les semailles et les moissons, ils ne songent pas à faire des réserves de nourriture et pourtant votre Père dans les cieux veille à les nourrir. »

« Prenez les lys des champs ils croissent, mais sans effort, sans avoir à manier le fuseau. Et pourtant, je vous le dis, les atours d'un Salomon en majesté ne peuvent rivaliser avec ceux d'une seule de ces fleurs. »

(Matthieu 6, 26 et Luc 12, 27)

Lys disposés en croix avec divers oiseaux*,*
mosaïque – Ve siècle,
Mausolée de Galla Placidia (Ravenne)

« Il suffit de lire quelques pages des Évangiles pour constater que, la plupart du temps, Jésus exprime les vérités de la vie spirituelle en empruntant des exemples dans la nature : le grain de sénevé, les épis de blé, la moisson, le raisin, la vendange, le lys[1] des champs et les oiseaux du ciel, le serpent, la colombe, l'arrivée des nuages… et toutes les images où l'eau est présente ! Jésus étudiait la nature qui est l'œuvre de Dieu et il la comprenait. Il ne faisait pas de théories compliquées ; il ne parlait pas de mystères, comment ne pas voir que pour Jésus la nature était un livre ?

Aujourd'hui, en disant qu'ils aiment la nature, la plupart des gens ne la voient au mieux que comme leur environnement, ou comme un sujet poétique. Ils ne sentent pas à quel point ils sont concernés dans leur vie intime, car c'est leur propre vie que la nature leur révèle.

La nature, c'est infiniment plus qu'un environnement ou un beau décor. C'est pourquoi nos contemporains ont raison d'avoir peur en voyant les destructions qui s'y commettent. Non seulement ils détruisent quelque chose dont ils font partie, mais aussi qui fait partie d'eux-mêmes. La compréhension de leur être profond dépend de la compréhension qu'ils ont des phénomènes de la nature, et c'est dans ce sens qu'ils doivent travailler…

Je remercie le Ciel de m'avoir donné cette faculté de lire les images. Toutes les manifestations de la vie sont devant nous, autour de nous comme un livre inépuisable, et c'est avec elles que je veux vous instruire. Toutes les élucubrations abstraites sur telle ou telle question métaphysique ne vous apporteront rien, mais les images, elles, elles sont tellement précises et claires qu'elles resteront pour toujours dans votre tête comme des réalités irréfutables. »

***Colibris**,*
de Ernst Haeckel (1904)

1. Lys : terme collectif désignant diverses fleurs sauvages des champs (colchiques, amaryllis, iris, tulipes, narcisses) aux couleurs éclatantes.
Peut-être aussi des anémones dont les couleurs rouges pourraient évoquer les vêtements royaux de Salomon.
Dictionnaire du Nouveau Testament par Xavier-Léon Dufour.

La leçon du perce-neige

« Regardez le perce-neige : quelle volonté, quelle force, quel courage il possède pour pouvoir commander à la neige et à la terre : « Allez, écartez-vous, je veux sortir ! » et pourtant, il est fragile, il a des pétales si tendres, si délicats, un rien peut le blesser… Mais la terre et la neige lui obéissent, elles lui cèdent le passage et il sort, il fleurit. Quelle est la force qui oblige la terre à s'entr'ouvrir ? Le perce-neige possède une puissance irrésistible dans sa petite tige qui commence à poindre, là, et c'est lui qui triomphe !

Alors, et vous, n'avez-vous pas plus de possibilités qu'un perce-neige ? Si, seulement, vous ne savez pas comment vous y prendre pour dire aux événements, aux difficultés, aux limitations : « Allez, laissez-moi le passage, je veux sortir, je veux admirer et louer le Créateur, je veux communier avec Lui, écartez-vous ! »

Si vous vous obstinez comme le perce-neige, à la fin vous allez sortir, vous dégager ; vous remporterez la victoire. »

La quintessence de la fleur

Le secret du poète

« Quand je vous dis parfois que vous pouvez posséder le Ciel et la Terre, vous ne me croyez pas. Et pourtant, c'est la vérité, le monde entier peut vous appartenir. Et comment ? Il vous appartiendra intérieurement. Pourquoi devrait-il vous appartenir extérieurement ? Que feriez-vous avec toutes ces forêts et ces montagnes ?... Vous ne m'avez pas encore compris quand je vous disais : « J'aurai le Ciel et la terre. »

Même je vous dis qu'ils vous appartiendront à vous aussi... Comment les choses peuvent-elles appartenir à plusieurs personnes ? Dans le monde physique, ce qui appartient à l'un ne peut appartenir à l'autre mais dans le monde divin, c'est possible.

Je vous donnerai une image. Un homme très riche possède un parc somptueux avec les plus belles fleurs, les plus beaux arbres, mais il est tellement absorbé par ses affaires qu'il n'a pas le temps de se promener dans son parc, il ne le voit pas, il n'en profite pas.

Mais voilà qu'un poète vient tous les jours dans ce parc ; il écoute le chant des oiseaux, il contemple les fleurs, les jets d'eau, il respire le parfum des roses et il écrit des poèmes... Alors à qui appartient ce parc ? Au poète. Et l'autre, le propriétaire ? Il paie les impôts !

Et la Terre, elle est la propriété de beaucoup de pays, mais elle m'appartient à moi. Pourquoi pas ? Et à vous aussi. C'est tout simplement une question d'ajustement. »

Laissez couler l'eau de la vie et le désert refleurira

« Vous voulez transformer un désert en une plaine fertile ? Que faut-il faire ? Laissez couler l'eau, tout simplement. Et chaque chose va trouver sa place : les plantes, les insectes, les oiseaux, les animaux, les humains. L'eau, c'est la vie qui circule. Alors laissez couler l'eau, la vie et ne vous occupez pas de savoir quels seront les arbres qui viendront fleurir et les oiseaux qui viendront chanter dans ces arbres. Quelqu'un dira : « Mais moi je veux tout d'abord savoir quelle sera la place de cette herbe ou de cet oiseau et sur quelle branche il ira chanter. » Oh là là, si on attend de savoir tous ces détails avant de se décider à laisser couler l'eau, des siècles passeront et aucune fleur ne poussera, aucun oiseau ne chantera.

Laissez donc couler l'eau ! Vous verrez à ce moment-là comment tout trouvera sa place, tout chantera, tout fleurira, ce sera le Royaume de Dieu. Et laisser couler l'eau, cela signifie ne jamais cesser d'aimer… »

Les iris,
Vincent Van Gogh (Mai 1889)

Le jardin des âmes et des esprits

« On peut comparer les humains à des fleurs, des fruits… ou même des légumes ! Quand vous entrez en relation avec eux, que vous les regardez, leur parlez, les écoutez, c'est comme si vous étiez en train de les respirer, de les goûter même. Or que faites-vous la plupart du temps ? Vous regardez leurs vêtements, leurs bijoux, leur visage, leurs jambes, leurs mains, mais vous ne cherchez pas à nourrir votre âme de toute cette vie qui est là, cachée, et qui émane de leur cœur, de leur âme et de leur esprit. Et c'est dommage.

Alors, désormais, soyez plus attentif et tâchez d'apprendre à apprécier les humains qui portent cette vie subtile, arrêtez-vous devant eux en pensant : « Ce sont des aspects du Père céleste et de la Mère divine ! Merci, Seigneur, merci Mère divine ! À travers ces « fleurs » et ces « fruits » j'ai la possibilité aujourd'hui de m'approcher de Vous, de Vous contempler, je peux respirer Vos parfums, goûter vos saveurs. » Et vous partez heureux parce que ces fruits et ces fleurs vous auront permis de vous rapprocher du ciel.

Bien sûr, certains s'étonneront que je compare les créatures humaines à des fleurs, à des fruits… ou même des légumes ! mais pourquoi s'étonner ? Combien de fois à propos de jeunes femmes ou de jeunes garçons très beaux, les poètes ont parlé de roses, de violettes, de lys, de jasmins, de lotus ! À quelqu'un qu'ils aiment, bien des Français disent : « Mon chou ». D'autres que l'on trouve bêtes sont traités de poires et de cornichons ! Mais enfin, laissons tous ces vergers et ces potagers…

L'essentiel, c'est de comprendre que je vous donne là une méthode de travail très puissante. Si vous savez l'appliquer, non seulement vous éviterez beaucoup de malheurs et de complications, mais vous vivrez sans cesse dans la joie, l'inspiration, la dilatation. »

Grâce au parfum, les êtres se reconnaîtront

« Dans le plan éthérique, il émane de chaque créature un parfum spécial. Ce parfum est une quintessence de ce qu'elle possède de plus précieux : son amour. C'est grâce à ce parfum que les êtres qui s'aiment se reconnaissent dans l'autre monde. Un être qui vous aime laisse en vous un parfum que vous conserverez pour l'éternité et, de même, chacune de vos manifestations d'amour désintéressé laissera en lui comme un parfum grâce auquel il se souviendra de vous et vous reconnaîtra.

Combien d'hommes et de femmes qui s'aiment se demandent s'ils se retrouveront quand ils auront quitté la terre ! Oui, s'ils se sont vraiment aimés, ils se reconnaîtront parmi les milliards d'âmes qui peuplent le monde invisible ; ils ne pourront pas se tromper. Comme un parfum, l'amour pour les personnes qu'ils ont aimées les conduira vers elles, sans qu'ils aient besoin de savoir dans quel endroit de l'espace elles se trouvent. »

Un parfum qui ne ressemblait à aucun autre

« Il est dit dans les Livres sacrés que les âmes des justes exhalent des parfums qui font les délices de l'Éternel. Oui, c'est vrai, Dieu respire les âmes, c'est une réalité : l'âme d'un juste exhale des parfums qui attirent des entités lumineuses. Évidemment ces parfums spirituels sont si subtils qu'il est impossible de les percevoir dans le plan physique.

Il arrivait souvent que pour me parler, le Maître Peter Deunov m'invite chez lui. Quand j'entrais, j'étais toujours impressionné par un parfum étonnant qui ne ressemblait à aucun autre, un parfum qui ne venait ni des fleurs, ni des fruits ni de rien qui aurait pu être dans la pièce. C'était certainement le parfum de son cœur, de son âme. J'étais très jeune, je ne pouvais pas encore l'expliquer ainsi, mais à chaque visite, j'éprouvais cette même sensation de pureté, de sainteté, comme un parfum, et je ne l'ai jamais plus retrouvé nulle part. Car en réalité ce parfum n'existe pas dans le plan physique, ce devait être mon âme qui le percevait dans le plan astral. »

Le Maître ***Peter Deunov***

Chaque fois que j'allais écouter le Maître

« Je trouvais très belle cette coutume, chez les disciples, de se présenter devant leur Maître en lui apportant des fleurs et des fruits. Le Maître Peter Deunov n'attendait sûrement pas de ses disciples qu'ils lui apportent des fleurs et des fruits, ni quoique ce soit d'autre d'ailleurs, même s'il arrivait pourtant qu'ils le fassent. Mais moi je sentais que les fleurs et les fruits que je devais lui apporter étaient ceux que je faisais pousser dans mon âme, car tout être humain possède un jardin intérieur qu'il cultive ou qu'il laisse en friche.

Chaque fois que j'allais écouter le maître, je tâchais d'apporter les fleurs et les fruits que j'avais préparés pour lui : ma confiance, mon espérance, mon enthousiasme. Peu à peu, je sentais s'ouvrir en moi des portes par lesquelles pénétraient sa parole, ses émanations. Alors, tout ce qu'il disait, même si je l'avais déjà entendu, me paraissait nouveau. »

Le Maître ***Peter Deunov***

Rayonnez la beauté

« L'artiste par excellence est celui qui a pris comme matière à sculpter sa propre chair, comme toile à peindre son visage et son corps, comme livre à écrire son être tout entier, par ses pensées et ses sentiments. Il veut que sa beauté et l'harmonie de la création passent à travers lui. Cet artiste crée l'art de la nouvelle culture qui vient.

La beauté est une chose vivante dont la source reste cachée au plus profond de l'être, mais qui jaillit et se déverse jusqu'à la surface du corps, inondant la peau, le regard, le sourire et même la voix. Mais seules les pensées lumineuses et les sentiments d'amour désintéressé peuvent créer la beauté. À ce moment-là rien ne peut empêcher le rayonnement à travers vous du parfum des fleurs qui s'ouvrent et des fruits qui mûrissent dans le jardin de votre âme. »

***Lacs de Rila**,*
Bulgarie

Le jardinier des âmes

« Le Maître Peter Deunov souhaitait que, comme lui, nous nous ouvrions aux différents langages de la nature et il disait :

« Abandonnez les routes boueuses de l'existence et mettez-vous en marche sur les sentiers qui vous conduiront au sommet de la montagne. Sur ces sentiers, prenez l'amour pour guide, soyez attentifs aux petites fleurs que vous rencontrerez, aux gouttes de rosée sur les feuilles des arbres, au gazouillis des oiseaux, au bourdonnement des insectes, au murmure des sources, tendez votre oreille aux moindres chansons de la lumière qui réjouissent votre âme. »

Cette délicatesse nécessaire à l'approche des âmes, je l'ai souvent observée chez lui et on la retrouve dans les paroles et la musique d'un chant qu'il a composé, Tam Dalétcé, qui décrit un pays merveilleux, un jardin de paradis :

« Là-bas, au loin, je sais un pays merveilleux :
Soleil, fleurs et fruits, une source jaillit,
C'est un jardin de paradis.

Dis-moi ce que tu sais du pays
natal, de la terre de paradis
où fleurit et mûrit le cerisier
couvert de rosée. De ce beau
pays, montre-moi le chemin.

Cueille seulement les fruits mûrs,
mais sans casser les jeunes
branches. Cueille des fruits en
abondance et porte-les à tous,
pour la joie. »

Céramique d'Iznik, *Palais du Topkapi (Turquie)*

Le collier de cent-huit graines

« Même les saddhous de l'Inde qui ont choisi la pauvreté aiment avoir un collier… un collier de fleurs ou de petites graines. Lorsque j'ai voyagé dans l'Inde, plusieurs m'ont fait cadeau de pareils colliers et je les ai gardés. Souvent, ils ont cent-huit graines, car le nombre 108 est sacré pour eux, c'est celui que l'on donne à Babadji[1]. Tous les éléments occultes sont contenus dans ce nombre, car pour former 108, il faut ajouter plusieurs nombres déterminés qui sont très significatifs : le nombre 1 du Créateur ; 7 celui des Archanges de la lumière ; 10 des séphiroth ; 12 des signes du zodiaque ; 22 des éléments de la Kabbale ; 24 des 24 Vieillards ; 32 des sentiers de la sagesse.

1+7+10+12+22+24+32 = 108. »

1. Babadji, un Mahavatar, « Incarnation divine ». Voir autobiographie d'un yogi par Paramhansa Yogananda

***Collier de prière**, © stock.xchng / Grafiker*

***Un Saddhou**, © stock.xchng / Izervou*

***Lakshmi**, © stock.xchng / Kxit*

Le soleil déverse aussi des parfums à profusion

« Tout notre travail spirituel est fondé sur le soleil ; il est pour nous le chef d'orchestre, nous regardons les mouvements de sa baguette, et nous chantons. Vous ne savez pas les découvertes que l'on fera bientôt... Si j'avais des possibilités matérielles plus perfectionnées, j'aimerais m'occuper de capter la musique du soleil, et transformer la lumière en musique, en sons. Car il sort de lui une musique qui se propage dans tout l'univers et c'est la plus belle de toutes les musiques. Quand les savants s'en occuperont sérieusement, le monde entier sera émerveillé, ébloui, dilaté d'entendre cette musique merveilleuse du soleil.

Mais le soleil n'envoie pas seulement de la musique dans l'espace ; il déverse aussi des parfums à profusion, toutes les quintessences de toutes les fleurs. Si nous ne les sentons pas, c'est que notre odorat n'est pas assez subtil. Parmi tous ces parfums exquis qui viennent du soleil, les fleurs de la terre choisissent ceux qui conviennent à leur nature. Ce ne sont pas elles qui fabriquent leur parfum, elles sont seulement capables de le transmettre quand nous les respirons. C'est donc en respirant le parfum des fleurs que nous découvrons les parfums du soleil, voilà encore une vérité qui sera vérifiée un jour. Mais il faudra encore beaucoup de temps avant de capter les parfums du soleil ; pour la musique ce sera plus rapide.

Quand la science découvrira que le soleil est intelligent et qu'il envoie des messages partout dans l'univers, alors il se produira le bouleversement le plus formidable dans l'humanité. »

« Si la lumière est le symbole du bien, du beau, du vrai, la source lumineuse – le soleil – ne pourra être que Dieu. »
Vincent van Gogh –« Le semeur », détail (1888)

Comment extraire la quintessence

« Nous sommes descendus sur la terre pour y faire un travail. Une matière nous est donnée, dont nous devons extraire la quintessence ; cette quintessence est la seule richesse que nous emporterons avec nous quand nous repartirons, et nous continuerons à travailler avec elle dans les autres mondes. Pour le moment, les humains se sont tellement habitués à se promener à la surface des choses qu'il leur est difficile d'envisager ce travail, qui est un travail de la pensée.

Pour que vous ayez une idée de ce qu'est ce travail de la pensée, j'utiliserai des images. Savez-vous combien de tonnes de minerai il faut arracher à la terre pour obtenir une petite quantité de métal : or, argent, fer, cuivre ? Le reste c'est la gangue que l'on rejette. Et de même, pour obtenir quelques litres d'essence de rose, combien de tonnes de pétales faut-il distiller ! Disons donc que les activités des humains consistent à remuer des tonnes de matière, tandis que le travail de la pensée permet d'en extraire la quintessence. Cette quintessence est quelque chose d'impondérable qui donne un goût et un sens aux choses.

On peut définir une École initiatique comme une usine de distillation. Tout ce que le disciple a vécu, tout ce qu'il a accumulé comme pensées, sentiments, sensations, toutes les expériences heureuses ou malheureuses qu'il a faites, toutes ses erreurs même, et toutes ses souffrances, il apprend à en extraire la quintessence : il en tire des leçons, une sagesse, il comprend comment les lois agissent, pourquoi dans tel domaine il a pu remporter des succès alors que dans tel autre il a échoué.

Celui qui est arrivé à extraire la quintessence de sa propre vie est comparable à un de ces petits flacons dont il émane un parfum que le temps n'arrive pas à épuiser. Il possède maintenant ce qui existe de plus précieux et de plus pur. Une quantité infinitésimale de cette substance précieuse suffit pour que des particules et des particules s'échappent dans l'espace sans qu'elle-même puisse diminuer. La quintessence de l'homme c'est son esprit. »

Accueillons les jardiniers qui viennent s'occuper de notre jardin intérieur

« Les entités du monde invisible sont toujours prêtes à apporter la lumière, la joie, l'amour. Elles sont des jardiniers qui viennent s'occuper de notre jardin intérieur. Dans l'attente de leur venue, nous devons créer autour de nous une atmosphère très pure, afin de les attirer, mais aussi de les retenir.

Le moment le plus favorable pour ce travail est le lever du soleil. Au fur et à mesure qu'il monte à l'horizon, le soleil change de couleur : quand il apparaît, il est rouge, puis orange, puis jaune, et suivant la qualité de l'air il peut prendre aussi quelques nuances de vert, de bleu et de violet. Et enfin, il devient blanc, incandescent. En s'élevant dans le ciel, le soleil chante toute la gamme des couleurs, et chacune d'elles émet un son. Alors, quelle symphonie quand il arrive au blanc éclatant !

Dans cette symphonie, dans ces éclats de lumière notre aura se purifie, se renforce et vibre plus intensément ; elle lance des signaux aux entités angéliques qui sentent qu'elles sont invitées à une fête. Elles accourent pour y participer et, comme tous les invités qui se rendent à une fête, elles apportent des présents. »

Dessins de ***Svezda***

Svezda (1892-1981) était en lien avec le monde de l'esprit. Sa vie était entièrement consacrée à une quête spirituelle d'une exigence morale peu commune. Elle recevait par médiumnité des dessins et des messages qui l'instruisaient des grandes lois du monde de la sagesse.

« L'évolution de l'âme se réalise par la floraison d'ensembles d'âmes de degrés différents, qui restent liés entre eux par les courants qu'ils émanent, comme la fleur reste liée par son parfum aux autres fleurs. La conscience s'élève d'échelon en échelon, jusqu'à contenir la totalité de l'univers. »

Le Cantique de la Rose

II

« Si l'on cherche les symboles de la pureté dans tous les domaines et les règnes de la nature que va-t-on trouver ?

Pour la terre c'est le cristal, la pierre précieuse ou le diamant. Ce que la terre produit de plus pur, c'est le cristal de roche ou le diamant.

Dans le domaine végétal, le symbole de la pureté, c'est le lotus qui naît dans l'eau et dont les pétales sont d'une limpidité extraordinaire.

Vous direz : « Et le lys ?... Et la rose ?... Oui, le lys aussi ; mais la rose c'est autre chose, elle est plutôt le symbole de l'AMOUR DIVIN. »

***La rosace**, stylisation de la rose représente le disque solaire.*
Elle procède du symbolisme du cercle, de la roue, des fleurs solaires
(rose, marguerite, camomille, tournesol)

Cf. « Afin de devenir un livre vivant » – Chap. VI

La rose mystique est le premier symbole sur lequel j'ai vraiment travaillé

« La rose… Je suis conscient du privilège de l'avoir rencontrée si tôt sur mon chemin spirituel. Par l'émerveillement qu'elle m'inspirait, elle me révélait de grandes et profondes vérités. Avec elle, je pénétrais peu à peu dans ces régions où l'on découvre l'harmonie, l'ordre du monde. C'est pourquoi sans doute un jour, spontanément, j'ai pris un compas et j'ai tracé un cercle que j'ai divisé en six parties égales… Je venais tout simplement de dessiner cette figure géométrique qu'on appelle rosace ou rose mystique, car elle en a, en effet, la forme. Cette figure, que tout le monde connaît, pendant des années j'ai continué à en explorer les richesses.

J'étais fasciné par sa forme parfaite, et elle devint pour moi un pantacle. Je l'accrochais au mur de ma chambre et quand je la contemplais, elle me plongeait dans un état de paix, d'harmonie et de félicité que rien ne pouvait troubler. Je l'avais enfouie dans mon âme et je l'arrosais sans cesse de mon amour. À mon insu, ce symbole venu d'un très lointain passé avait émergé en moi. Je le dessinais sans cesse et il me parlait. J'allais jusqu'à mettre au point un système qui le faisait tourner, et alors, il vibrait, il rayonnait, c'était merveilleux. Instinctivement, j'avais compris qu'un symbole est comme une graine qu'il faut semer et faire croître en soi en lui donnant de l'eau, de la chaleur, de la lumière. Peu à peu j'ai vu ses fleurs apparaître, et aujourd'hui encore je récolte ses fruits et je m'en nourris.

Cette figure de la rose mystique se compose de trois parties : trois fleurs qui s'interpénètrent et qui correspondent aux trois plans physique, astral et mental. C'est donc une synthèse de l'être humain et de ses activités. Lorsqu'on suit le tracé d'une de ces fleurs on parcourt un chemin différent de celui qu'on aurait parcouru en suivant le tracé des deux autres. Le cœur de ces trois fleurs, le cœur de la rosace, c'est le soleil, notre Moi supérieur. Et en nous déplaçant sur le bord des pétales nous nous éloignons et nous nous rapprochons alternativement du centre.

On trouve aussi cette triple rosace dans le corps physique. Où ? Dans la main. Regardez votre main : si vous prolongez le tracé des lignes qui y sont inscrites vous constaterez qu'elles forment des arcs de cercles. Le plus grand de ces arcs de cercle est celui qui correspond à la ligne de Saturne. Pour chaque être humain ces lignes sont différentes, et chacune ne possède donc que quelques segments de la vaste rose cosmique. Dans la rosace entière on lit la structure de l'Univers, c'est la main parfaite de Dieu.

La rose mystique est le premier symbole sur lequel j'ai vraiment travaillé. À cette époque, je l'avais fait sans posséder aucune connaissance particulière. J'étais si jeune ! Chaque fois que je contemplais cette figure, j'étais envahi par un profond sentiment de plénitude. Je m'identifiais à elle et je me sentais projeté dans ce plan de la conscience où nous sont révélés les mystères des origines. C'est sans doute pourquoi, un jour, il m'a semblé qu'il manquait quelque chose à cette rose que je venais une fois de plus de dessiner. J'ai cherché, et une impulsion soudaine m'a fait écrire au-dessous les premiers versets de l'Évangile de Saint Jean : « Au commencement était le Verbe, et le Verbe était avec Dieu, et le Verbe était Dieu. Il était au commencement avec Dieu. Toutes choses ont été faites par lui, et rien de ce qui a été fait n'a été fait sans lui. » Pourquoi ces versets ? Est-ce que j'avais un lien particulier avec eux ? Sans doute. Et toute ma vie, ensuite, j'ai continué à les méditer, à les approfondir.

La roue mystique (la vision d'Ézéchiel),
de Fra Angelico
(vers 1451-1452)

Aujourd'hui je sais pourquoi j'ai ainsi complété mon dessin.

Et c'est là encore qu'apparaît la relation qui existe entre cette fleur, la rose, et la figure géométrique de la rosace. Ces premiers versets de l'Évangile de Saint Jean qui évoquent la création du monde, rappellent aussi le premier verset du livre de la Genèse : « Au commencement Dieu créa le ciel et la terre », en hébreu : « Bereschit bara Elohim eth ha-schmaïm ve-eth ha haretz. » C'est le mot hébreu Elohim qu'on a traduit en français par Dieu. Mais Elohim est un pluriel et c'est le nom de la hiérarchie angélique qui demeure dans la séphira Netzah à laquelle appartient la planète Vénus. Les Elohim, que la religion chrétienne nomme Principautés, ont donc créé la terre et ils veillent à son évolution ainsi qu'à celle des humains qui l'habitent. Vous voyez, une rose peut nous conduire très loin. »

«Le livre des œuvres divines»,
Hildegarde de Bingen, manuscrit en latin du XIIIe siècle

La rose est un don que Vénus a fait à la terre

« Les roses que l'on cultive en Bulgarie sont remarquables par leur couleur, leur parfum, leur taille et le velouté de leurs pétales ainsi que la durée de leur floraison. La cause en est peut-être le terrain et les courants telluriques qui passent par là. Dans certaines régions, l'air embaume la rose et ce n'est pas sans raison que la rose bulgare est connue dans le monde entier.

Très tôt je me suis senti attiré par les roses et leur parfum : je les respirais et je restais longtemps à les contempler… Jusqu'au jour où j'ai respiré une rose dont le parfum était tellement puissant, enivrant, que je suis sorti de mon corps. Je me suis senti projeté dans l'espace, où j'ai découvert tout un monde de lumière, de beauté, d'inspiration et de joie. À partir de ce moment-là je me suis efforcé de répéter cette expérience.

Celui qui est animé par un désir puissant trouve spontanément, instinctivement, les moyens qui lui permettent de la réaliser. C'est ainsi que j'ai senti que les roses pouvaient m'aider dans mes exercices de méditation.

De quel passé lointain, de quelle science obscurément enfouie en moi me venait cette impulsion, je ne sais pas. Au moment de méditer, je choisissais la rose dont je sentais que la fraîcheur, la forme, la couleur, le parfum, m'entraîneraient très loin, très haut. Je la considérais comme une créature vivante, descendue du Ciel, qui se sacrifiait pour me montrer le chemin et je lui demandais de m'apprendre comment obtenir toutes les vertus qu'elle représente dans le monde spirituel.

Les roses sont belles sur la terre, mais combien plus belles encore elles sont en haut, dans le monde invisible ! Car cette entité, qui a un corps ici-bas, habite en réalité dans les régions subtiles. La contemplation d'une rose, l'enivrement dans lequel me plongeait son parfum m'arrachait au monde physique. Je traversais alors le plan éthérique en m'efforçant de ne pas m'y arrêter, puis les plans astral et mental où je ne m'arrêtais pas non plus. Et j'arrivais enfin dans le plan causal où je trouvais la rose, la rose véritable, celle qui est formée par les entités de Vénus, les Elohim, dans la séphira Netzah, la septième séphira sur l'Arbre kabbalistique de la Vie.

***Cueillette de roses**,*
par des jeunes filles bulgares dans la Vallée des roses

La rose est un don que Vénus a fait à la terre. Vous direz : « Mais comment les roses ont-elles pu venir de la planète Vénus ? Les conditions atmosphériques qui y règnent rendent toute vie impossible ! » Je le sais bien, mais pour la Science initiatique, les planètes ne sont pas uniquement ces corps physiques, matériels, qu'étudie l'astronomie. Pour la Science initiatique, les planètes sont des voies de passage, des intermédiaires entre les courants cosmiques et la terre. Par l'intermédiaire des planètes, la terre reçoit des courants, des influences dont Dieu Lui-même est la source. C'est pourquoi, depuis des temps immémoriaux, on associe les planètes à des qualités, des vertus. Toutes les planètes sont des réservoirs de courants qui parcourent l'espace et qui, selon leur nature, viennent se condenser sur la terre dans tel ou tel réceptacle. Les roses sont les réceptacles de courants qui viennent de Vénus, les courants de l'amour. Lorsque nous nous approchons d'elles, nous recevons cet amour. L'amour qui s'incarne dans les roses, pourquoi négliger un tel cadeau ?»

Rosa Gallica Regalis, *rosier Grandeur Royale*

Rosa Sulfurea, *rosier jaune de soufre*

La rose ou le chemin du véritable amour

« Il m'est difficile d'expliquer ce que la vue d'une rose exprime en moi. J'ai la sensation de vivre avec elle, de vibrer avec elle, et je me nourris de quelque chose qui descend du monde divin. En apparence elle est toute petite, mais en moi elle est grande, car elle apporte avec elle tant de choses !

Elle me sourit, et moi aussi je la regarde avec amour, je lui demande de pénétrer en moi pour éveiller d'autres roses dans mon cœur et dans mon âme, car elle a ce pouvoir. C'est pourquoi je voudrais donner ce conseil aux futures mères : pendant que vous portez votre enfant, cherchez de temps en temps des roses – ou même une seule – et méditez auprès d'elles en leur demandant d'influencer cet enfant qui vit en vous. Les esprits des roses sont des entités qui ont accepté de s'incarner sur la terre pour aider les êtres humains, et avec quelle joie ils répondront à votre demande !

Tableau de **Barbara Heman**

Et si maintenant je m'adresse à une rose : « Ô rose bien-aimée, qui t'a donné ta couleur, ton parfum ?... Qui t'a instruite ? », elle répondra : « C'est un être que les humains voient tous les jours, un être dont ils reçoivent sans cesse les bienfaits, mais pour lequel ils n'ont aucune reconnaissance. Je suis attachée à la terre nourricière, mais ce n'est pas la terre qui me fait ce que je suis : c'est le soleil, source de la vie. C'est lui qui me donne mes couleurs et mon parfum, c'est lui qui m'apprend comment répandre ce parfum. » Une rose est silencieuse et pourtant si éloquente ! Par ses émanations elle ne cesse de nous transmettre ce message : tournez-vous vers le soleil et devenez comme moi. Si on pouvait mesurer les ondes qu'elle émet, on serait étonné des efforts qu'elle fait pour nous influencer.

Quel mystère encore, une rose ! Sa couleur est celle de l'amour spirituel ; sa forme, l'expression de l'harmonie parfaite ; son parfum, celui de la pureté.

***Roses dans le jardin à Montregon**,*
Claude Monet (1876)

Mais parmi ceux qui font pousser des rosiers dans leur jardin ou qui ornent leur demeure de bouquets, combien soupçonnent réellement ce que les roses représentent. Ils n'ont recours à elles que pour faire joli ou pour séduire. Pourquoi ne cherchent-ils pas à travers elle le chemin du véritable amour, l'amour qui n'emprisonne pas, l'amour qui libère ?... En touchant seulement un pétale, nous pouvons rejoindre ces entités qui ont accepté de s'incarner dans la rose afin de nous inspirer et de nous ouvrir des horizons insoupçonnés. Pour une conscience éclairée, un simple pétale de rose devient le point de départ des plus grandes réalisations spirituelles. Tandis que sans conscience on passe à côté de ce qu'il y a de plus précieux, et on s'appauvrit. »

La Vierge et l'Enfant avec des anges,
de *Fra Filippo Lippi (vers 1455)*

La rose, symbole de la Rose-Croix

« J'aime parler de la rose, parce que cette fleur est liée à tant de choses profondes et poétiques que j'ai vécues ! Je sens que les entités qui travaillent en elle continuent à faire naître et s'épanouir l'idée même de la beauté et de la perfection. Je les remercie, je leur promets de faire, d'une façon ou d'une autre, quelque chose pour toutes les roses de la terre, d'améliorer leur existence et de contribuer à leur gloire même si elles sont déjà glorifiées dans le symbole de la Rose-Croix.

Le symbole des Rose-Croix est une rose rouge au centre d'une croix : cette rose, le cœur, le chakra du cœur parfaitement développé dans l'homme considéré comme la croix sublimée. Ce chakra, l'homme le développe par l'amour dont la couleur et le parfum sont ceux de la rose. La Rose-Croix est donc le symbole de l'Initié qui, grâce au travail qu'il a réalisé sur lui-même, a réussi à développer en lui l'Amour du Christ, l'Amour divin, l'Amour qui vivifie et transforme la matière. Être un adepte de la Rose-Croix signifie : connaître tous les secrets liés à la Croix, mais aussi tous ceux de la Rose épanouie au centre de la Croix.

La rose dans la croix, c'est l'être parfait qui non seulement a la connaissance de tous les éléments dont il est constitué et de ses relations avec le cosmos, mais qui est aussi capable de faire jaillir et couler l'Amour du Christ. Celui qui marche sur ce chemin christique devient un Rose-Croix, même s'il n'est pas inscrit dans les registres de cette société. »

La Rose-Croix,
telle que la concevait la Golden Dawn
(dessin de Miranda Payne).
Les vingt-deux pétales de la Rose, chacun d'une couleur différente, correspondent aux vingt-deux lettres de l'alphabet hébraïque.
« Per crucem ad rosam » – « À la rose par la croix », devise des Rosicruciens, dont le fondateur est Christian Rosenkreutz

Les roses m'ont fait beaucoup de révélations

« En apparence une rose n'est pas grand-chose, mais en réalité elle a le pouvoir de nous mettre en contact avec le monde de Vénus, un seul pétale même est imprégné de sa quintessence. En regardant une rose, en l'aimant, nous lui communiquons de notre magnétisme et elle-même nous communique quelque chose en retour : elle nous lie aux habitants de la sphère de Vénus qui sont plus évolués que ceux de la terre. C'est simple, c'est le principe de la magie : une rose n'est pas Vénus, et malgré sa beauté, son parfum, ce n'est pas à elle que nous devons nous arrêter, mais la considérer seulement comme une intermédiaire entre nous et les entités supérieures. Ce sont ces entités qui, à travers la rose, nous répondent en nous faisant découvrir ce que sont l'amour, la beauté, la grâce.

Par les objets terrestres, nous entrons en liaison avec les essences du monde spirituel. En touchant de l'or, qui est animé des mêmes vibrations que le soleil, nous entrons en communication avec l'esprit du soleil. En respirant et en touchant une rose, nous entrons en contact avec Vénus qui nous donne son amour, l'amour spirituel, et notre amour devient plus poétique, plus pur, plus vaste, plus intense. Que de choses j'ai apprises alors en méditant avec une rose ! Je me liais à son esprit, je lui parlais comme à un être vivant. Je lui demandais de rendre mon âme pareille à elle, de l'imprégner de ses quintessences pour qu'elle devienne, elle aussi, une fleur dans le jardin de Dieu et puisse réjouir les entités célestes qui aiment fréquenter la terre. Car les entités se réjouissent de découvrir des fleurs sur leur passage : des âmes pures et lumineuses. Et elles s'occupent d'elles, les protègent pour les rendre plus belles encore.

La fusion de l'arbre et de la fleur,
Shiraz, mosquée du Régent – Céramique du XVIIIe siècle

Parce que je l'aimais, la rose devenait vivante. J'avais l'impression qu'une créature endormie était en train de s'éveiller sur son lit de pétales et me souriait. Oui, comme dans les contes. Car les contes ne sont pas seulement de belles histoires pour enfants, ils sont l'expression d'événements bien réels de la vie intérieure. Grâce aux quintessences dont elles sont imprégnées, les roses m'ont mis très tôt en contact avec des présences qui, depuis, sont restées en moi. Il m'est arrivé de respirer une rose après avoir jeûné trois jours : j'étais traversé par des tourbillons d'énergies, je la sentais pénétrer en moi par tous les pores de ma peau.

Si à cette époque, déjà, les roses m'ont fait beaucoup de révélations, elles m'en ont fait encore bien davantage par la suite. Tellement de petites choses peuvent en cacher de grandes ! Mais pour les découvrir il ne faut pas s'arrêter seulement sur les formes, il faut toujours chercher le principe, l'esprit au-delà des formes. C'est ainsi que, grâce aux roses, j'ai appris peu à peu à mieux percevoir ce qu'est l'essence d'un être vivant pour mieux communiquer avec lui. Et je souhaiterais tellement vous transmettre à vous aussi ce que j'ai appris !

Une rose se présente au premier abord comme une forme, des couleurs, un parfum… Mais je ne voulais pas m'arrêter là, je cherchais ce que cette forme, ces couleurs, ce parfum éveillaient en moi. C'est une habitude à prendre : être conscient des effets que les êtres et les choses produisent sur nous, afin d'enrichir notre sensibilité et notre compréhension. Mais cela ne me suffisait pas encore et je me concentrais sur les forces, les intelligences qui, à partir d'une structure, d'un modèle, ont créé cet être vivant qui s'appelle une rose. Et ensuite, j'ai appris à étendre cette préoccupation à tous les êtres et objets que je rencontrais.

La rose me disait aussi : « Non seulement tu ne dois pas t'arrêter à mon apparence, mais tu dois chercher aussi à connaître de quelles quintessences je suis faite, comment je les prépare et les distille. Celui qui arrive à comprendre comment je travaille, pourra entreprendre le même travail sur les substances qui sont en lui et les distiller pour en faire des parfums qui embaumeront l'atmosphère. » Est-ce qu'on les sentira vraiment ? Peut-être pas tout de suite, mais en attendant, ce sont des émanations psychiques qu'il est possible de percevoir. N'avez-vous jamais senti que de certains êtres vicieux, pervers, il émane quelque chose de nauséabond, alors qu'auprès d'autres êtres, purs, pleins d'amour et de lumière on croit sentir un parfum délicieux ?

Il peut arriver que, lorsque des personnes sont réunies pour prier, la simplicité de leur cœur, la ferveur qu'elles mettent dans leurs prières, touchent certaines régions du monde spirituel, et les entités qui les habitent répondent alors par un parfum de rose. C'est certainement ce que savait la petite sainte Thérèse de l'Enfant Jésus, elle qui avait dit qu'après sa mort elle ferait tomber sur la terre une pluie de roses… J'aime beaucoup la petite sainte Thérèse. »

Sainte Thérèse de Lisieux

Sainte Thérèse de Lisieux (1873-1897), cette contemplative du Carmel, morte à 24 ans, avait intitulé le manuscrit de sa vie « L'histoire d'une âme écrite par elle-même », « L'histoire printanière d'une petite fleur blanche ».

Elle ouvrit pour elle et des milliers d'âmes, sa voie :
« **La petite voie** »

« Comment témoignerai-je mon amour, puisque l'amour se prouve par les œuvres ? Eh bien ! « le petit enfant jettera des fleurs… » Il embaumera de ses parfums le trône divin, il chantera de sa voix argentine le cantique de l'amour !

Oui, mon Bien-Aimé, c'est ainsi que ma vie éphémère se consumera devant vous. Je n'ai pas d'autre moyen pour vous prouver mon amour que de jeter des fleurs : c'est-à-dire de ne laisser échapper aucun petit sacrifice, aucun regard, aucune parole, de profiter des moindres actions et de les faire par amour. Je veux souffrir par amour et même jouir par amour. Ainsi je jetterai des fleurs. Je n'en rencontrerai pas une sans l'effeuiller pour vous… et puis je chanterai, je chanterai toujours, même s'il faut cueillir mes roses au milieu des épines. »

***

« Jésus a mis devant mes yeux le Livre de la Nature et j'ai compris que toutes les fleurs créées par lui sont belles, que l'éclat de la rose et la blancheur des lys n'enlèvent pas le parfum de la petite violette, n'ôtent rien à la simplicité ravissante de la pâquerette. J'ai compris que, si toutes les petites fleurs voulaient être des roses, la nature perdrait sa parure printanière, les champs ne seraient plus émaillés de fleurettes. »

Chaque rose cherche un traducteur qui comprenne son langage

« En me penchant sur les roses, je ne fais pas que respirer leur parfum, je les écoute aussi. Et que me disent-elles ? Qu'elles attendent que des êtres de plus en plus nombreux les comprennent et deviennent les traducteurs de leurs pensées, comme je suis en train de le faire. Chaque rose cherche un traducteur qui comprenne son langage. « Nous nous sommes consultées, me dit-elle, et nous croyons que le temps vient où nous serons mieux comprises ». Alors, vous voyez, les roses pensent que je peux être leur interprète et elles me demandent de continuer ma tâche. Là encore ce que je vous dis n'est pas seulement de la poésie, mais une réalité.

On m'apporte souvent des roses, on en met sur ma table et on a aussi planté des rosiers dans mon jardin. Alors à ceux qui viennent me rendre visite, il m'arrive de donner une rose, ou même seulement un pétale qui s'est détaché. Je le fais consciemment en chargeant cette rose ou ce pétale d'énergie spirituelle.

Ceux qui ont développé leurs antennes sentent que cette rose ou ce pétale peut leur faire rencontrer les entités qui ont créé les roses. Oui, même un seul pétale. Car ses vibrations sont celles de ces entités. Un objet, aussi minuscule soit-il, peut être doté de grands pouvoirs, car, ce qui compte, c'est l'intensité de la pensée et du sentiment qu'on y introduit, pas la taille de cet objet. Tandis que je parle, il y a souvent une ou plusieurs roses devant moi, sur la table et toutes mes paroles s'enregistrent sur leurs pétales. Certaines ont des couleurs si tendres, si délicates que je ne peux pas m'empêcher de les caresser comme si c'était la joue d'un enfant.

La rose représente quelque chose de si grand, de si précieux pour moi que lorsque je souhaite envoyer de bonnes pensées à mes amis, où qu'ils soient, souvent je les envoie sous la forme de roses. Quand les recevront-ils ? Cela dépend d'eux. Au moment où elles leur parviendront, ils ne sauront certainement pas ce que c'est, ni d'où ça vient, mais soudain ils se sentiront visités par une lueur, un parfum, une paix, une joie.

Je ne vous dis rien que je n'ai moi-même expérimenté. L'aspiration à cette beauté céleste qui était en moi depuis mon adolescence m'a fait découvrir qu'à travers les roses, il était possible d'entrer en contact avec des entités spirituelles, et là dans la lumière, dans l'immensité, dans la splendeur, éprouver des joies qu'aucune créature humaine, je pense, ne pourrait me donner. Je ne prétends pas qu'il soit facile d'arriver à cette conception de l'amour et surtout de la réaliser, mais c'est possible. »

Comme la rose
le véritable bonheur est un bonheur sans cause

« Quelqu'un me dit : « Je suis heureux parce que… » Eh bien, le seul fait qu'il donne une cause à son bonheur est la preuve qu'il ne possède pas le bonheur véritable. Car le véritable bonheur est un bonheur sans cause. Oui, vous êtes heureux et vous ne savez pas pourquoi. Vous trouvez qu'il est merveilleux de vivre, de respirer, de manger, de parler et vous ne savez pas pourquoi : rien ne vous est arrivé, ni cadeau, ni héritage, ni jolie femme. Vous êtes heureux, parce que c'est quelque chose qui vient s'ajouter d'en haut, un élément spirituel qui ne dépend même pas de vous, comme une eau qui coule du ciel.

Pour la majorité des humains, le bonheur est lié à des possessions, des maisons, de l'argent, des décorations, à la gloire, ou bien à des femmes et des enfants. Non, le vrai bonheur ne dépend d'aucun objet, d'aucune possession, il vient d'en haut, et vous êtes étonné de découvrir en vous-même, sans arrêt, cet état de conscience merveilleux. Vous vous réjouissez et vous ne savez pas pourquoi. Voilà le vrai bonheur. »

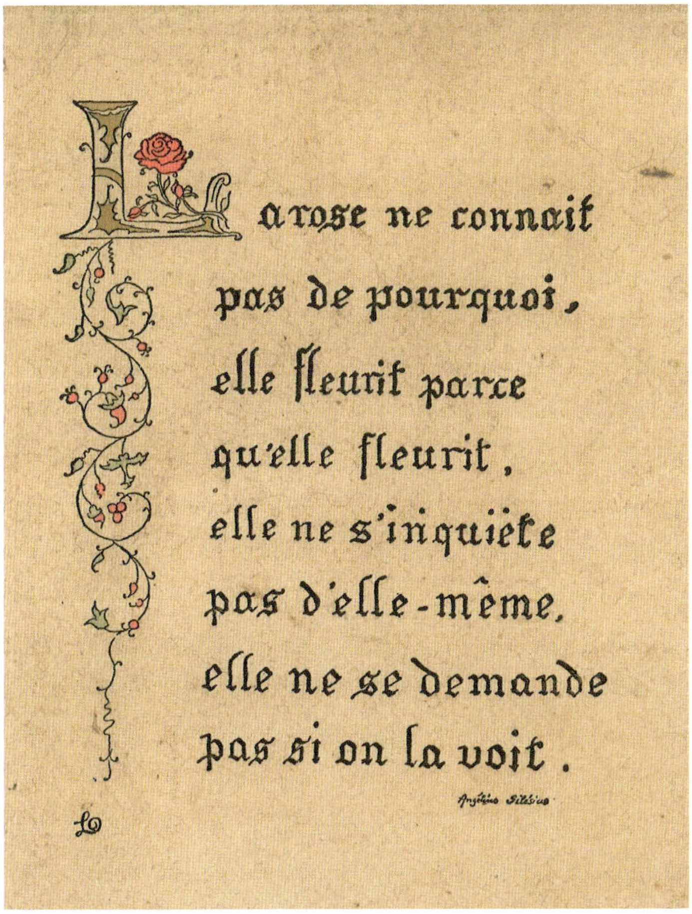

***Poème d'Angelus Silesius**,*
auteur du « Pèlerin Chérubinique »

La Source et les trois Roses

Il était une fois… au flanc d'une montagne
Un rosier sauvage. Dans ce lieu solitaire
Il priait le seigneur de lui donner un frère
Ou bien une compagne.

Sa prière atteignit l'espace où Dieu réside.
Alors quand les étoiles une à une s'en vont
Ce fut l'Amour qui vint pour embellir le mont
De trois roses splendides.

À l'heure où le soleil à l'horizon s'élance
Se fit un léger bruit : c'était le doux murmure
De tout petits cailloux roulés par l'onde pure
Jaillie dans le silence.

Les roses sont penchées sur la source naissante.
Le ruisselet pressé s'étire en un ruban :
Il veut être rivière, fleuve, océan !
Et l'eau coule, bondissante.

Or la rose blanche sortant de son sommeil
Très bas lui dit : « Va, cours sans jamais te salir !
Reste le diamant que rien ne fait pâlir,
Sois l'Amour en éveil. »

La fraîche rose rose à son tour lui bourdonne :
« Et si un malheureux te souille le sachant,
Ne te demande pas si le monde est méchant,
Sois l'Amour qui pardonne. »

« Aime, dit la rose rouge au parfum ineffable.
Avec ivresse bois la rosée du matin ;
Mais ne t'arrête pas quand le soleil s'éteint ;
Sois l'Amour immuable. »

Poème d'Iris
« Images et symboles de la nature vivante »

La conjonction

La Rose rouge.
Je suis l'élixir du rouge, et je transmue tous les corps vils dans l'or le plus pur et le plus véritable.

La Rose blanche.
Je suis l'élixir de la blancheur, et je transmue tous les corps vils dans l'argent le plus pur.

***Iconographie et textes**, « Alchimie et Mystique : Le Musée Hermétique» par Alexandre Roob, éditions Taschen*

« La rose blanche et la rose rouge sont les noms qu'on donne en alchimie à la teinture lunaire et à la teinture solaire d'où s'échappe : « le précieux sang couleur de rose » du Christ Lapis.

L'image de la rose englobe la Shékinah, le reflet de la Sagesse divine sur la terre et « la récolte du miel » symbole de la recherche en commun de la science initiatique. »

***Opus Magnum**, Solomon Trismosin, « Slendor solis », XVIe siècle, Londres*

C'est la Vie Éternelle de fleurir sans cesse

III

Le Menorah ou chandelier à sept branches
(bible hébraïque, manuscrit enluminé de 1299,
Lisbonne bibliothèque nationale)

« Celui qui travaille

avec la sagesse (l'éternelle harmonie)

avec l'amour (l'éternelle mélodie)

avec la vérité (l'éternelle symphonie),

cette musique des sphères que seuls quelques grands Maîtres sont parvenus à entendre, celui-là produit du froment, des fleurs, des fruits et tout ce qui est magnifique dans la vie »

La création du Cosmos
par Hildegarde de Bingen (1150)

Une pensée de Peter Deunov

« Tout homme qui est venu sur la terre apprendre n'est que FLEUR qui doit s'épanouir, fructifier et mûrir. La fleur et le fruit sont des richesses qu'il doit répandre dans le monde entier.

De tous les coins du monde arriveront des abeilles ouvrières pour recueillir le miel et l'apporter à leurs ruches.

Chaque pensée est une fleur qui fleurit dans l'intellect.

Chaque sentiment est une fleur qui fleurit dans le cœur.

Chaque action est une fleur qui fleurit dans le corps.

S'il ne fleurit pas dans son intellect, dans son cœur et dans son corps, l'homme ne peut être bien portant.

C'est la Vie éternelle de fleurir sans cesse, de fructifier, de mûrir et de profiter de tes fruits, Toi et ton prochain. »

Peter Deunov

Le schéma qui explique la floraison

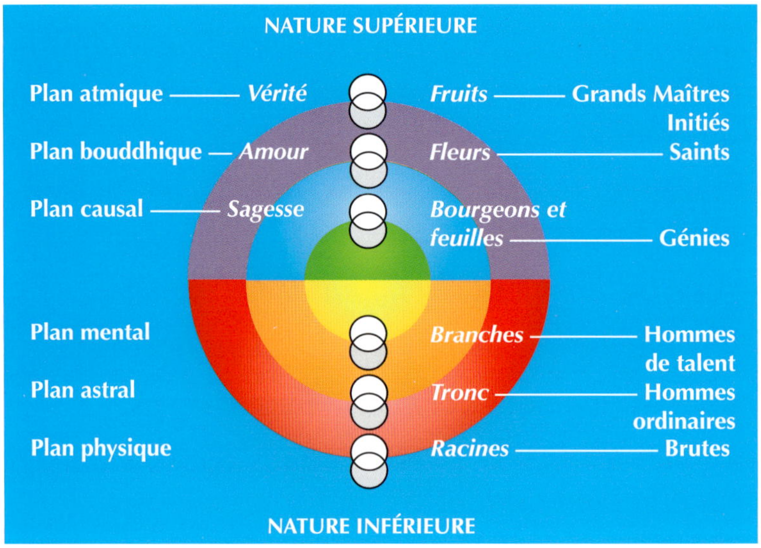

« Vous voyez d'abord qu'il représente les différentes catégories d'hommes : les brutes (plan physique), les hommes ordinaires (plan astral), les hommes de talent (plan mental), les génies (plan causal), les saints (plan bouddhique), les grands Maîtres (plan atmique).

Les feuilles, les fleurs et les fruits des arbres tombent à certaines époques de l'année ; il ne leur reste plus que les branches, le tronc et les racines qui eux, sont toujours là. De la même façon, les brutes, les hommes ordinaires et les hommes de talent ne manquent jamais dans le monde, tandis que les génies, les saints et les grands Maîtres sont beaucoup plus rares. L'hiver, il ne subsiste des feuillages, des fleurs et des fruits de l'été que le souvenir de leurs couleurs, de leurs saveurs et de leurs parfums ; toute cette beauté reste gravée dans la mémoire. Ainsi en est-il pour les génies, les saints et les grands Maîtres : longtemps après leur disparition, l'humanité parle de leurs œuvres et de la joie qu'ils répandaient autour d'eux. Sur la terre, l'amour, la sagesse, la beauté, la vérité n'ont pas tellement de conditions pour demeurer. Les génies, les saints, les grands Maîtres viennent visiter la terre pour y répandre leurs couleurs, leurs parfums, leurs saveurs, puis ils s'en vont. Ce qui reste en permanence sur la terre, c'est la médiocrité, la laideur. Mais dans le Ciel, au contraire, les feuilles, les fleurs et les fruits sont éternels tandis que tout le reste est passager.

Maintenant comparons ces hommes aux différentes parties d'un arbre. Les brutes sont dans les racines de la vie, elles travaillent sous la terre. Les hommes ordinaires travaillent dans le tronc, ils laissent passer à travers eux la matière première que d'autres vont transformer. Les hommes de talent représentent les branches qui envoient la matière vers les feuilles, et une fois que cette matière est élaborée, ils la font redescendre vers le bas ; donc ils prennent pour donner à l'humanité, ils s'occupent des échanges. Les génies sont les bourgeons d'où sortent les feuilles ; c'est là que commence le grand travail : l'élaboration de la sève brute grâce aux rayons du soleil. Les saints sont les fleurs de l'arbre cosmique : par leurs couleurs, leur beauté, leurs parfums, ils attirent les papillons, les insectes, les oiseaux, les hommes. Leur prédestination est de former les fruits ; grâce à eux la vie devient pure et belle. Les grands Maîtres sont les fruits de l'arbre cosmique, la nourriture céleste, « le pain descendu du Ciel » ; ils possèdent la douceur de tous les sucs.

L'être humain représente un arbre avec des racines, un tronc, des branches, des feuilles, des fleurs et des fruits. Tous les hommes possèdent des racines, un tronc et des branches, mais très peu parmi eux sont visités par le printemps ; la plupart sont des arbres sans fruits, sans fleurs et même sans feuilles, des arbres d'hiver, tristes, noirs et sans parure. Cependant dans chaque être existent des fleurs de lotus, mais il faut beaucoup travailler, posséder un grand savoir et sacrifier beaucoup de temps pour que ces fleurs puissent s'épanouir, exhaler leurs parfums, et former leurs fruits. Les fruits sont les œuvres des différentes vertus.

Au fur et à mesure qu'on monte dans le tronc, dans les branches, dans les feuilles… la possibilité de se mouvoir augmente ainsi que la lumière, la chaleur, la joie…

Les feuilles, les fleurs, les fruits, ce sont l'amour, la sagesse et la vérité. Les feuilles représentent la sagesse, les fleurs l'amour et les fruits la vérité. Avec une grande sagesse les feuilles transforment la sève brute en sève élaborée comme les alchimistes transformaient les métaux en or grâce à la pierre philosophale. Les fleurs sont liées à l'amour ; leurs couleurs, leurs parfums, la matière pure de leurs pétales attirent les êtres. C'est en elles qu'est déposé le nectar que les insectes viennent butiner. Les fruits représentent la vérité qui est le résultat de l'union de la sagesse et de l'amour. »

Les douze fleurs du zodiaque

« Les douze travaux d'Hercule ne sont pas autre chose qu'une représentation du soleil dans les différents signes du zodiaque, chaque signe étant considéré comme une étape de la lente transformation de la nature tout au long de l'année.

Hercule vainc le taureau,
château de Schwerin,
par Brian Suda (sur Flickr)

Lorsque le soleil entre en Bélier, c'est le début du printemps, le jaillissement des forces de la nature, l'éclatement des bourgeons. Cet élan se poursuit dans le Taureau et les Gémeaux : apparition des feuilles et des fleurs. Avec la constellation du Cancer commence l'été : la graine se forme, puis le fruit mûrit (constellation du Lion) et une fois qu'il est mûr, on fait des récoltes (constellation de la Vierge). Puis c'est l'automne (signes de la Balance, du Scorpion et du Sagittaire) : on cueille les derniers fruits, les feuilles tombent, la végétation meurt et se décompose. Enfin c'est l'hiver (signes du Capricorne, du Verseau et des Poissons) : la graine est enfouie dans le sol où elle meurt et s'assimile à la terre ; mais c'est de cet état d'indifférenciation que naissent des nouvelles semences pour de nouveaux jaillissements et de nouvelles floraisons. Donc, dans chaque constellation, le soleil accomplit des travaux déterminés.

Ce travail du soleil sur la végétation peut être interprété du point de vue alchimique comme la transformation de la matière du Grand Œuvre qui, comme la graine, cuit, se putréfie, ressuscite, etc. Mais le travail alchimique, ce n'est pas seulement transformer la matière du Grand Œuvre. Pour le disciple le véritable travail alchimique, c'est de développer les semences enfouies en lui-même, exactement comme les forces de la nature font pousser les germes enfouis dans le sol. Chaque signe du zodiaque possède un aspect positif et un aspect négatif. Le disciple doit, comme Hercule, lutter contre chacun des aspects négatifs et au contraire développer en lui les aspects positifs.

Il doit lutter contre le loup et le sanglier de **Mars** *(la sauvagerie, la cruauté) et nourrir en lui le désir de faire des sacrifices nécessaires à la germination.*

Il doit vaincre la matérialité et la sensualité du **Taureau** *et acquérir sa patience, sa ténacité et sa force.*

Il doit lutter contre les tendances nocives des **Gémeaux***, l'intellect prompt à tromper, à critiquer, à calomnier, mais être toujours prêt à exécuter les prescriptions de l'amour et de la sagesse.*

Il doit lutter contre l'émotivité, l'imagination crépusculaire et désordonnée du **Cancer** *(favorisée par la Lune) mais devenir sensible aux courants spirituels, avoir le désir d'élaborer sa vie et de purifier toutes les forces qui lui sont données.*

L'Homme parfait (Adam)*,*
dans les «Très riches heures du duc de Berry» (au centre une mandorle décorée des signes du Zodiaque)

*Il doit vaincre la fierté orgueilleuse et l'ostentation du **Lion**, mais développer sa noblesse, sa grandeur, sa droiture.*

*Il doit vaincre l'étroitesse d'esprit, la sécheresse et l'avarice de la **Vierge**, mais apprendre sa pureté, son goût de l'ordre et de la méthode.*

*Il doit vaincre la paresse et l'indécision de la **Balance**, et développer son besoin d'harmonie et de beauté.*

*Il doit triompher de la jalousie et des passions sexuelles du **Scorpion** et être toujours prêt à mourir à tout ce qui est inférieur comme l'enseignait Jésus quand il disait : « Si vous ne mourez pas, vous ne vivrez pas ! »*

*Il doit lutter contre l'instinct de révolte et l'instabilité du **Sagittaire** mais être capable de s'élever constamment jusqu'à Dieu, d'avoir une pensée puissante et de défendre l'enceinte des Initiés, des enfants de Dieu. Le Sagittaire est le défenseur, il est monté sur les remparts où il reste, l'arc tendu, pour protéger le Royaume de Dieu, la Fraternité Blanche universelle.*

*Il doit vaincre l'orgueil, la dureté et l'intransigeance du **Capricorne** pour atteindre, par la méditation et la contemplation, les plus hautes cimes des montagnes spirituelles.*

*Il doit vaincre l'individualisme et le besoin de scandale et de révolte du **Verseau** pour se fondre dans l'immense communauté de la Fraternité Universelle, dans la vie cosmique.*

*Il doit s'échapper des brumes et des prisons intérieures des **Poissons** mais apprendre l'abnégation, le renoncement et le sacrifice. »*

***Le Kabbaliste tenant les 10 Séphiroth**,*
de Paulus Ricius – Gravure du XVIe siècle
(reproduction de l'original réalisée par Joel Radcliffe
et publiée par ARS OBSCURA, 1987)

L'Arbre de vie représente la vie divine qui circule à travers toute la création

« De nombreuses traditions philosophiques et mystiques ont fait de l'arbre un symbole de l'Univers. Toutes les créatures ont une fonction quelque part sur cet arbre, dans les racines, le tronc, les branches ou dans les feuilles, les fleurs, les fruits. Toutes les existences, toutes les activités, toutes les régions trouvent leur place sur l'Arbre de Vie.

À différentes époques de l'année, les feuilles, les fleurs et les fruits tombent de l'arbre ; ils se décomposent et deviennent de l'humus qui est peu à peu absorbé par les racines. Il en est de même des êtres. Quand un homme meurt, il est de nouveau absorbé par l'Arbre cosmique, mais bientôt, il réapparaît sous une autre forme : branche, fleur, feuille, fruit… Rien ne se perd, les êtres disparaissent et réapparaissent sans cesse sur l'Arbre cosmique.

Vous devez savoir que tout ce qui se passe dans la nature, dans le domaine des plantes, des animaux ou des hommes est accompli avec la participation des dix séphiroth. Les dix séphiroth sont les plus hautes entités connues.

On les nomme ***Kéther*** *(la Couronne),* ***Hohmah*** *(la Sagesse),* ***Binah*** *(l'Intelligence),* ***Hessed*** *(la Miséricorde),* ***Guébourah*** *(la Force),* ***Tiphéreth*** *(la Beauté),* ***Netzah*** *(la Victoire),* ***Hod*** *(la Gloire),* ***Iésod*** *(le Fondement),* ***Malhouth*** *(le Royaume). »*

Arbre de vie*,*
peinture sur verre, fin du XIXe siècle,
Silésie

***Arbre de la Vie**,*
d'Ivano Marchesani (1985)

Sur l'Arbre de Vie fleurissent et rayonnent les Séphiroth

« Apprenez à méditer sur les dix séphiroth, l'Arbre de Vie, en ayant conscience que cet Arbre est en vous et que, la seule activité qui vaille la peine, est de le faire croître, fleurir et fructifier. Combien de temps il vous faudra avant de devenir réellement cet Arbre de Vie, cela ne doit pas vous préoccuper.

Dans l'Arbre séphirotique, vous découvrirez une immense variété de « nourritures », car il est un reflet de l'univers. La religion et la philosophie y sont représentées, bien sûr, ainsi que la morale, la vraie, mais aussi les sciences et les arts : à vous d'apprendre à vous en nourrir tous les jours. »

***

« Regardez l'arbre : il garde ses racines, son tronc et ses branches, mais pour la joie de tous, il distribue ses fleurs et ses fruits ; et ses feuilles aussi peuvent être utiles. C'est ainsi que la nature a pensé les choses.

Et un Initié, qui a compris la leçon de la nature, fait exactement comme l'arbre : il conserve ses racines, son tronc, ses branches, symboliquement parlant, mais il distribue largement ses feuilles, ses fleurs et ses fruits, c'est-à-dire ses pensées, ses sentiments, ses paroles, sa lumière, sa force.

Vous aussi apprenez à connaître ce que vous pouvez donner et ce que vous devez garder. »

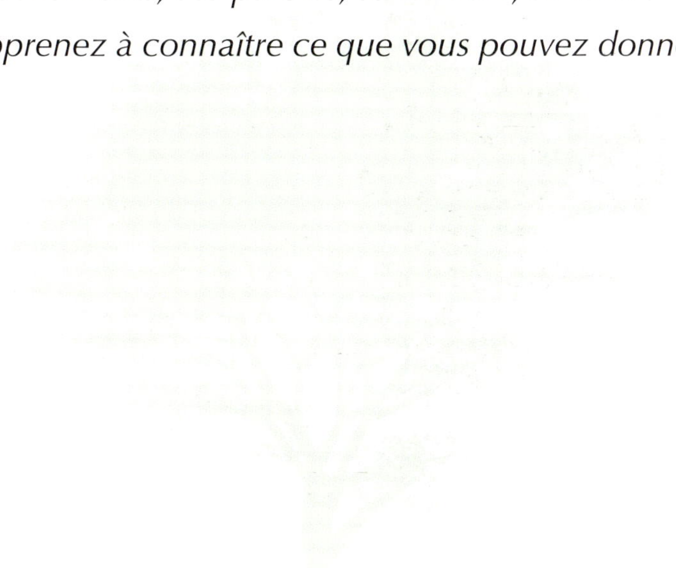

Lakshmi.
Les faveurs que Lakshmi accorde, richesse, longue vie et éveil spirituel, sont symbolisées par des pièces d'or qui coulent de sa main tendue dans le geste du don, par le pot d'ambroisie et le lotus qu'elle porte.

Tara Verte*, expression de la Mère divine dans le bouddhisme*

Krishna et Radha
jouant de la flûte

Les pétales de lotus des sept chakras

« Depuis plusieurs millénaires, les initiés de l'Inde enseignent qu'au-delà de son corps physique, dans ses corps éthérique et astral, l'homme possède des centres subtils situés sur l'axe de la colonne vertébrale. Ces centres, ils les ont appelés « chakras » (ce qui en sanscrit signifie « roues ») ou bien « lotus ».

De bas en haut, ce sont :

– à la base de la colonne vertébrale : ***Muladara****, lotus à quatre pétales.*

– au-dessus des organes génitaux : ***Svadhisthana****, lotus à six pétales.*

– dans la région du nombril et du plexus solaire : ***Manipura****, lotus à dix pétales.*

– dans la région du cœur : ***Anahata****, lotus à douze pétales.*

– sur le devant de la gorge : ***Visuddha****, lotus à seize pétales.*

– entre les deux sourcils : ***Ajna****, avec deux grands pétales, eux-mêmes divisés en 48 pétales chacun : c'est-à-dire 96 pétales.*

– au sommet de la tête : ***Sahasrara****, le lotus aux mille pétales. En réalité, il y en a 960 avec, au milieu, une corolle de 12 pétales, ce qui fait en tout 972. Les 12 pétales du centre sont jaune or, les 960 autres sont violets, et les deux corolles tournent en sens inverse.*

Montagne cosmique issue du Lotus Primordial,
par Jôsuka Maéda

Les chakras se différencient les uns des autres par leur couleur, leur nombre de pétales, c'est-à-dire le nombre et l'intensité de leurs vibrations, les divinités dont ils sont les habitacles, et surtout les vertus et les pouvoirs que leur éveil donne à l'homme : Muladara donne l'énergie vitale ; Svadhisthana la force créatrice ; Manipura la conscience collective ; Anahata l'amour universel ; Visuddha la sagesse ; Ajna la clairvoyance, Sahasrara la toute-puissance et la liberté. Ainsi, chaque jour, petit à petit, vous parcourez un chemin extraordinaire qui, si vous savez persévérer, vous conduira à l'illumination. »

Manipura-chakra aux 10 pétales

« Le vrai cœur initiatique, c'est le plexus solaire. Oui, c'est lui qui sent, qui comprend, qui saisit les vraies vérités initiatiques. Si l'on arrive à entrer en communication avec lui, le plexus solaire peut vraiment faire des merveilles. C'est toute une science que l'on étudiera dans l'avenir. »

Signification du nom Manipura Chakra :
« La Cité des Joyaux »
(image provenant du livre « Chakras centres d'énergie de transformation », de Harish Johari)

Anahata-chakra aux 12 pétales

« Il est très important pour votre développement que vous portiez sur le cœur l'image de ce Chakra qui est le centre de l'amour universel, car c'est cet amour tellement désintéressé, tellement vaste qui éveille en vous la véritable intelligence, l'intuition. »

Signification du nom Anahata Chakra :
« Qui se régénère ou se renouvelle à l'infini »
(image provenant du livre « Chakras centres d'énergie de transformation », de Harish Johari)

Le lotus, un symbole de la croissance spirituelle

« Le lotus[1] *qui naît au fond d'un lac ou d'un étang, vient s'épanouir à la surface des eaux, et la matière pure de ses pétales, leur teinte lumineuse, leur parfum, n'ont plus rien de commun avec la boue de ses origines.*

C'est vraiment là que j'ai senti pourquoi cette fleur est, en Orient, un symbole de la croissance spirituelle : on peut l'interpréter comme le passage des plans inférieurs aux plans supérieurs de la conscience… »

*Lotus flamboyant aux mille pétales (**Sahasrara**)*
symbolisant l'illumination

[1] La tradition bouddhiste fait du lotus sacré un trône végétal à huit pétales sur lequel siège le Bouddha. Le recueil sanscrit dit « Sutra du Lotus » rapporte qu'à chaque pas que faisait le Bouddha lorsqu'il était enfant, naissait un lotus (Padme). Si le lotus rose est associé à la lumière solaire, c'est-à-dire à Vishnu, le lotus bleu est associé à la nuit, c'est-à-dire à Shiva. Quant à Lakshmi, déesse de la beauté et épouse de Vishnu dans la tradition hindoue, une légende raconte qu'elle sortit d'une fleur de lotus au moment de la création du monde.

Dans chaque être existent des fleurs de lotus

« L'idée de la naissance de la divinité est exprimée, dans l'Inde, par le symbole de la fleur de lotus dans laquelle naît Krishna. La naissance de Krishna est celle du Moi supérieur, du Christ en nous. Dans chaque être existent des fleurs de lotus ; mais il faut beaucoup travailler, posséder un grand savoir et sacrifier beaucoup de temps pour que ces fleurs puissent s'épanouir, exhaler leurs parfums et former leurs fruits. Les fruits sont les œuvres des différentes vertus. »

La fleur de lotus, image de l'émergence de la parole du maître

« Je ne vous parle que des réalités qui existent en vous. Alors, même si vous n'avez pas encore pris conscience de leur existence, même si vous ne comprenez pas bien ce que je vous dis, je sais que je touche par mes paroles quelque chose qui ne demande qu'à venir à la lumière ; ce quelque chose on peut le comparer au lotus qui naît et commence par croître sous l'eau avant de s'épanouir à la surface…

Les choses naissent, se forment et commencent à croître dans l'obscurité de l'inconscient, et au moment où elles apparaissent à la conscience, elles n'en sont pas à leur début, mais presqu'à leur achèvement, car depuis longtemps déjà, elles étaient en mouvement. De la même façon, mes paroles réveillent au plus profond de vous quelque chose qui, un jour, comme la fleur de lotus, sortira pour s'épanouir au-dessus de l'eau. »

Rien de spirituel ni de divin ne peut se manifester sans la pureté

« Pour que puissent s'épanouir les pétales du lotus sacré, il faut être à l'abri des troubles et des tempêtes. Si le disciple développe précocement ce lotus avant d'avoir neutralisé les éléments nocifs qu'il porte en lui-même, il sera exposé à de grands dangers : les secousses qu'il vivra déchireront les pétales du lotus divin, c'est-à-dire troubleront le fonctionnement de ses appareils supérieurs. C'est pourquoi les grands Maîtres qui aiment leurs disciples et les protègent ne leur donnent pas les moyens de développer instantanément ou trop rapidement de grandes possibilités ni leurs différentes forces car ils savent que cela provoquerait de graves inconvénients. Ils disent : « Qu'ils éliminent d'abord ce qui est négatif ! Qu'ils préparent leur jardin, enlèvent tous les chardons, toutes les épines, afin d'avoir plus tard des fleurs. »

« Votre amour doit être comme une eau pure qui monte arroser chaque jour toutes les fleurs divines en haut, dans le jardin de votre esprit. »

Ce que nous apprend le grain de sénevé

« Lorsque Jésus a dit que le Royaume de Dieu ressemble à un grain de sénevé qui devient un arbre, il fait allusion à l'Arbre séphirotique. En effet les dix séphiroth représentent l'Arbre cosmique. Si vous savez comment étudier un arbre, méditer sur lui, vous comprendrez de grands mystères, car l'arbre est un symbole de la vie. Toutes les questions s'expliquent, tous les problèmes se résolvent quand on comprend la signification et les correspondances de chacun des détails de l'arbre.

Les dix séphiroth correspondent à un moment de la croissance du grain de sénevé.

***Késther**, c'est le grain, le grain qu'on plante en terre, le commencement, la tête des choses. Sans Késther on ne peut rien obtenir.*

*Une fois planté en terre, le grain se divise en deux, il se polarise et c'est **Hohmah**, la sagesse, le binaire, l'opposition du positif et du négatif, du plus et du moins, du haut et du bas. Toutes les forces contenues dans la Couronne commencent à se diviser, à s'opposer les unes aux autres. Le binaire sépare, divise. Voilà pourquoi tous ceux qui ne comprennent pas le*

***Krishna à la flûte sous un arbre**,*
Nicholas Roerich (1929)

deux, le bien et le mal, ne peuvent comprendre la sagesse. Celui qui veut être sage doit comprendre le nombre 2. Mais les forces ne sont pas complètement séparées, elles restent liées par la Couronne qui leur dit : « Mes chers enfants, vous êtes garçon et fille, alors unissez-vous et allez faire un grand travail que vous viendrez ensuite me montrer ». Ils s'unissent et c'est Binah, l'intelligence, la raison qui les harmonise, les réconcilie, pour l'accomplissement d'un travail commun. Comme l'a ordonné la Couronne, ***Binah*** *harmonise les courants contraires, ascendants et descendants.*

Kéther, Hohmah et Binah sont enfouies dans la terre. La plante est le reflet du monde d'en haut. Quant à l'homme il est une plante dont la racine est la tête, car il est planté dans le monde causal. De même que les trois séphiroth, Kéther, Hohmah et Binah sont enfouies dans la terre, notre tête est enfouie dans le monde spirituel.

Pour que la plante apparaisse au-dessus du sol, il faut l'intervention de la quatrième séphira, ***Hessed****, la miséricorde. Hessed, c'est la tige, le tronc de l'arbre, ce qui essaie toujours de résister. C'est la vie basée sur la charité, la bonté. Toute vie qui n'est pas basée sur la miséricorde ne possède pas de tige. Elle a une racine mais pas de tige, elle ne pousse pas. Hessed représente la tige où les forces cosmiques circulent de bas en haut et de haut en bas. La miséricorde sert de canal pour la circulation des forces du monde terrestre vers le monde spirituel et inversement.*

Décor de fruits, oiseaux, motifs végétaux*,*
mosaïque – Ve siècle,
Mausolée de Galla Placidia (Ravenne)

*La cinquième séphira, **Guébourah**, la force, correspond aux branches. Quand l'homme possède la force, la puissance, il commence à étendre ses branches de tous les côtés. Quand une société, un peuple deviennent puissants, ils réussissent à se répandre partout. Cinq est le nombre du travail de l'homme, de sa main qui commence à préparer les feuilles.*

*La sixième séphira, **Tiphéreth**, la beauté, ce sont les feuilles qui donnent une parure à l'arbre.*

*Après les feuilles apparaissent les bourgeons : c'est la septième séphira, **Netzah**, la victoire. Quand l'arbre est parvenu au stade de bourgeons, on dit : c'est l'heure de la victoire. Il a vaincu toutes les difficultés, il donnera des fruits.*

*Maintenant il se fait un grand travail dans les bourgeons qui vont donner naissance aux fleurs, la huitième séphira, **Hod**, la gloire, la louange. L'arbre se couvre de fleurs et c'est là justement sa gloire ; il loue l'Éternel par sa beauté et ses parfums… Le parfum que les fleurs commencent à répandre, c'est la gloire, la louange que l'arbre envoie à l'Éternel ; à ce moment-là, l'arbre commence à parler à l'Éternel, il est couvert d'insectes bourdonnants, il compose des psaumes qu'il chante pour le Seigneur.*

*Enfin, dans la fleur se forme le fruit, qui, plus tard, deviendra délectable. Le soleil le fait mûrir, lui donne des couleurs, et les enfants viennent se réjouir auprès de lui. C'est la naissance de l'enfant Christ, la neuvième séphira, **Iésod**, la base, le point de départ d'une autre vie, d'un nouvel arbre. Le nombre neuf représente l'achèvement : le fruit est mûr et il tombe. Le fruit contient à nouveau une graine, et c'est **Malhouth**, la dixième séphira.*

Chaque graine ou semence représente Malhouth, le Royaume de Dieu. Comment reconnaître que c'est bien le Royaume de Dieu ? Plantez la graine et tous les autres attributs apparaîtront bientôt. Donc Malhouth et Kéther se rejoignent. Le commencement et la fin des choses sont identiques. Voilà pourquoi Jésus disait que le Royaume de Dieu (autrement dit Malhouth) peut se comparer à un grain de sénevé. Où sont les autres séphiroth ? Jésus n'a parlé que de Malhouth, la graine. Les autres doivent être retrouvés comme je viens de le faire. »

« Chaque jour vous devez demander au Seigneur de pouvoir planter des pensées et des sentiments partout dans le monde, dans les âmes, afin de produire les dix séphiroth.

Vous comprendrez maintenant pourquoi le Christ a comparé le Royaume de Dieu, Malhouth, au grain de sénevé qui est minuscule, mais qui devient un grand arbre où viennent s'abriter les oiseaux. »

***Vitrail** de Brigitte et Martial Audet*

Les fruits de l'Arbre de Vie

« L'Apocalypse se termine par la vision de la cité céleste, la nouvelle Jérusalem dont Saint Jean décrit les murailles, les assises et les portes. À travers cette ville coule un fleuve : « Et il me montra un fleuve d'eau de la vie, limpide comme du cristal, qui sortait du Trône de Dieu et de l'Agneau. Au milieu de la place de la ville et sur les bords du fleuve, il y avait un Arbre de Vie produisant douze fois des fruits, rendant son fruit chaque mois et dont les feuilles servaient à la guérison des nations. »

Comment se fait-il que l'arbre se trouve sur les deux bords du fleuve ? Si on comprend les choses littéralement, cette description n'a aucun sens. En réalité cet arbre au-dessus d'un fleuve est un symbole. Il existe en nous et le fleuve aussi passe à travers nous. Car c'est nous qui sommes la ville ; et dans le centre de cette ville – dans le plexus solaire – coule un fleuve avec un arbre de vie sur ses bords. Le plexus solaire représente l'arbre sur les deux bords du fleuve, mais aussi le fleuve lui-même, cette force, cette vitalité qui circule à travers lui. Et où sont les racines de cet arbre ? Ce sont les douze paires de nerfs et de ganglions dorsaux : douze branches qui produisent douze fruits par an. Ces douze fruits sont liés aux douze signes du zodiaque.

Emblème IX
Enferme l'arbre et le vieillard dans une maison pleine de rosée; ayant mangé du fruit de l'arbre, il se transformera en un jeune homme.
Atalante fugitive de Mikhaël Maïer

Voyons maintenant les propriétés de ces fruits.

Le premier fruit **(le Bélier)** *rend l'homme actif, dynamique et décidé. Le second* **(le Taureau)** *donne une grande sensibilité, beaucoup de gentillesse et de bonté. Le troisième* **(les Gémeaux)** *pousse à l'étude, incite à s'intéresser à tout et à voyager. Le quatrième* **(le Cancer)** *donne une grande médiumnité pour capter les ondes et les présences les plus subtiles. Le cinquième* **(le Lion)** *inspire une grande noblesse et le courage nécessaire pour aider et sauver les autres. Le sixième* **(la Vierge)** *purifie et nettoie. Le septième* **(la Balance)** *donne la possibilité de s'unir à la Cause divine et de rétablir en soi l'équilibre cosmique. Le huitième* **(le Scorpion)** *éclaire sur la mort et la vie de l'au-delà. Le neuvième* **(le Sagittaire)** *donne le goût des questions philosophiques et religieuses. Le dixième* **(le Capricorne)** *inspire la puissance, l'autorité pour dominer les autres et soi-même. Le onzième* **(le Verseau)** *donne le sens de l'universalité, de la fraternité entre les nations. Le douzième* **(les Poissons)** *pousse à se sacrifier, à supporter la souffrance et même à en voir le bon côté et s'en réjouir.*

Voilà les qualités des fruits de cet arbre de vie, qui n'est rien d'autre que l'Arbre séphirotique dont parle la Kabbale, avec les séphiroth Kéther, Hohmah, Binah, Hessed, Gébourah, Tiphéreth, Netzah, Hod, Iésod, Malhouth.

Kéther, c'est la semence qui contient toutes les possibilités de l'arbre ; **Hohmah**, c'est le noyau qui se divise pour laisser sortir la petite pousse : **Binah** ; **Hessed**, c'est le tronc ; **Gébourah**, les branches ; **Tiphéreth** les bourgeons ; **Netzah**, les feuilles ; **Hod**, les fleurs ; **Iésod**, le fruit ; et **Malhouth** la semence qui plantée en terre donnera un nouvel arbre.

Là encore vous voyez une application de la loi : ce qui est en bas est comme ce qui est en haut, et vous comprenez aussi pourquoi Jésus a comparé le Royaume de Dieu (Malhouth) au grain de sénevé qui est minuscule mais qui devient un grand arbre où viennent s'abriter les oiseaux du ciel.

Saint Jean dit que les feuilles de l'arbre servaient à la guérison des nations. Vous voyez, non seulement les fruits de l'arbre font des miracles, mais aussi les feuilles et même les racines.

Adam et Ève qui, dans le Jardin d'Éden, avaient goûté du fruit de l'Arbre de la Connaissance du Bien et du Mal ont dû subir la maladie et la mort. Les fruits de l'Arbre de Vie, au contraire, doivent servir à la guérison des nations, et c'est donc de ces fruits que nous devons manger. Et même les feuilles de l'arbre, dit Saint Jean, servaient à la guérison des nations. Donc, non seulement les fruits ont des propriétés bénéfiques, mais même les feuilles. Et aussi les fleurs et les racines, car dans l'Arbre de vie rien n'est inutile ; tous les éléments sont bénéfiques pour celui qui a appris comment travailler d'après les règles de la Vie Divine. »

La région de l'éternel printemps

Le Printemps,
d'Albert-Ernest Carrier-Belleuse (vers 1870)

« Il existe en l'homme une région spirituelle où règne un éternel printemps. Là, sans arrêt, le soleil brille, les oiseaux chantent, les fleurs embaument l'atmosphère. Dans le plan physique, évidemment, il nous est impossible d'échapper à l'alternance des saisons et des événements heureux ou malheureux, mais par la pensée, toutes les possibilités nous sont données de nous élever jusqu'à cette région de l'éternel printemps.

Vivre dans l'éternel printemps, c'est être toujours expressif, lumineux, rayonnant, c'est faire jaillir la vie en soi pour pouvoir enfin arroser, abreuver, fertiliser toutes les créatures. Vous direz : « Mais il n'est pas possible de vivre sans arrêt dans le printemps. On ne peut pas échapper à l'hiver, à la fatigue, au chagrin, à la maladie, à la vieillesse. » Si, c'est possible. Mais pour vous élever au-dessus de tous ces changements, pour planer au-dessus des nuages et voler dans la lumière, vous devez accepter la philosophie de la vie pure, jaillissante, la philosophie de la bonté, de la générosité, de l'amour désintéressé.

Le printemps se caractérise par la montée des énergies… Donc, tant que vous laissez descendre vos énergies, c'est-à-dire tant que vous les employez à des activités grossières, triviales, vous vivez dans l'hiver ; et même si vous êtes capable de donner sur le printemps toutes les définitions scientifiques possibles, en réalité vous ne le connaissez pas. Retenez bien cela : tant que vous concentrez vos énergies et votre amour dans des préoccupations prosaïques, vous restez dans l'hiver avec le froid, l'obscurité, l'arrêt de tout mouvement. Vous pensez que c'est là une drôle de façon de parler du printemps et de l'hiver ? C'est pourtant simple : en hiver l'énergie descend vers les racines et au printemps elle remonte vers le sommet.

Alors comprenez que le même phénomène se produit dans votre vie intérieure et mettez-vous au travail, sans vous demander combien de temps il vous faudra pour installer en vous cet éternel printemps : peu à peu vous sentirez que les sources jaillissent, que l'herbe pousse, que les fleurs s'épanouissent et que les oiseaux chantent dans les arbres.

Vous voyez, chaque année je vous parle du printemps qui approche, du printemps qui va venir, et vous savez pourquoi je le fais. C'est parce que je pense à ce Grand Printemps, le Royaume de Dieu… Les malheurs, les souffrances, les guerres, tout cela c'est passager. Que les humains se heurteront aux difficultés, qu'ils seront déçus, qu'ils se brûleront, bien sûr, mais c'est passager. Un jour, ils partiront de l'autre côté, puis ils reviendront sur terre avec des dons, avec des talents… Tout est passager et les humains ne s'arrêtent que sur ce qui est passager, ils ne voient jamais ce qu'il y a au-delà, le but à atteindre.

Vous direz : « Mais le printemps aussi est passager ». Oui, mais moi je parle aussi d'un autre printemps, je parle de l'éternel printemps… Seulement, il faut aller plus haut pour le sentir et pour le vivre. Là-haut, beaucoup plus haut, il y a toujours le soleil qui brille, les fleurs qui embaument l'atmosphère, les oiseaux qui chantent, les sources qui jaillissent. Oui mes chers frères et sœurs, il faut aller très haut pour vivre dans l'éternel printemps. »

Encore un message de la fleur

« Imaginez que vous ayez mis en terre les graines d'une plante dont vous savez qu'elle donne des fleurs magnifiques, mais vous ignorez qu'elle ne fleurit que tous les cent ans. De telles plantes sont rares, mais il en existe. Alors, vous attendez, inquiet, troublé... Votre impatience prouve seulement que vous ne connaissez pas la nature de cette plante qui donne de si belles fleurs. Et voici d'autres graines qui donnent des fleurs déjà au bout de quelques semaines ; bien sûr, cela vous plaît mieux, mais ces fleurs sont plus communes...

Toute activité dans laquelle vous vous engagez est comme une graine que vous mettez en terre. Si vous obtenez rapidement des résultats, vous êtes satisfait ; mais demandez-vous quelquefois si les graines qui se développent rapidement sont les meilleures. Souvent c'est plutôt le contraire... »

***AGAVE ECHINOCEREUS* en fleurs**
(fleurit après 20 à 100 ans de vie)

Le dernier message de la fleur

« Il y a des fleurs, il y a des arbres encore inconnus dans des endroits de la terre où l'homme ne s'est jamais aventuré et n'ira peut-être jamais. On se demande parfois à quoi peuvent bien servir ces plantes dont personne ne connaît l'existence, pourquoi elles sont là, inconnues, inutiles, à l'abandon. Eh non, en réalité aucune fleur, aucune plante ne reste ignorée dans la nature, aucune n'est abandonnée, sans utilité. Si ce ne sont pas des êtres humains, ce sont des entités du monde invisible qui viennent auprès des fleurs les plus cachées pour recueillir leurs émanations.

Pourquoi les humains seraient-ils les seuls à pouvoir connaître et utiliser les végétaux ainsi que les minéraux et les animaux ? Il y a aussi toutes les entités que nous ne voyons pas, mais qui existent : les esprits des quatre éléments, les âmes des morts… Comme des chimistes, elles en extraient certaines substances dont elles se nourrissent ou qu'elles transportent ailleurs pour aider d'autres créatures. »

St. Panteleimon le Guérisseur,
Nicholas Roerich (1931)

Vous fleurirez de nouveau

« Vers la Terre Promise, pèlerin,
Je me suis mis en marche.
Là où jaillissent les sources ;
Là où coulent les rivières ;
Là où mûrissent les fruits ;
Là où chantent les oiseaux ;
Là où les hommes vivent en frères ! »

« J'aime ce chant dont le Maître Peter Deunov a composé la mélodie sur son violon, mélodie pleine d'attente d'une terre aperçue au loin.

Et cette terre n'est pas seulement fertile et généreuse, elle est surtout le lieu où les hommes vivent en frères.

Beaucoup prétendront, bien sûr, qu'un tel lieu n'existe pas. Si, il existe, il se trouve dans l'âme humaine. »

*Le Maître **Peter Deunov** jouant du violon*

Florilège du Maître Peter Deunov
- les Fleurs du Bien -

Les fleurs du Bien

« Étudiez les fleurs, observez comment elles doivent être plantées, soignées ; voyez quel sol leur est favorable. Certains êtres se prétendant religieux disent : « Nous n'avons pas besoin de fleurs, nous ne devons penser qu'à Dieu. » Mais Dieu est présent dans les fleurs, comme il l'est dans les arbres, dans les sources… Dieu est dans la vie de l'arbre, dans la vie des fleurs, non dans la forme. Il est dans la lumière, dans la vie de la lumière parce que la lumière qu'il a créée est une chose et la vie qui est dans la lumière une autre chose. »

« Voici un exemple, pris cette fois dans la vie du Maître Peter Deunov. Voyageant à travers la Bulgarie pour ses conférences, le Maître, quand il s'arrêta à Stara Zagora logeait chez notre ami l'ingénieur Kaïcheff. Un soir, assis dans le jardin notre ami déclara au Maître : « J'ai décidé de couper ce pommier. Chaque printemps il se couvre de fleurs et de feuilles, mais jamais aucun fruit ne vient. Il y a tant d'années qu'il n'a pas donné une seule pomme. »

Le Maître répondit : « Laissez-le vivre cette année encore. Faites-moi ce plaisir. Mais toutes les pommes qu'il donnera seront pour moi, ajouta-t-il en plaisantant. – Bien, bien, dit Kaïcheff, je suis d'accord ! »

Le Maître alors s'approcha du pommier, lui parla et promena ses mains sur ses branches. Il resta un bon moment auprès de l'arbre.

Cette année-là le pommier produisit une abondance de fruits, de belles et grosses pommes rouges, et Kaïtcheff se vit obligé d'en envoyer plusieurs paniers au Maître, qui les remit naturellement au réfectoire des disciples qui l'entouraient. Kaïtcheff décida d'appeler l'arbre « le pommier du Maître » et depuis ce temps ce pommier donne chaque année une belle et abondante récolte. »

« L'homme bon et miséricordieux l'est aussi pour tous les animaux et toutes les plantes. Il apprécie hautement l'homme mais aussi la fleur, dont le parfum est en condition d'effacer les peines et de procurer une heureuse disposition. Le parfum des fleurs peut être comparé à une qualité humaine : l'application. Malgré les conditions défavorables, la plante se développe, sort de terre, de la boue de la vie, et bientôt revêt son habit royal : la fleur qui répand au loin son suave parfum. Pourquoi l'homme ne pourrait-il pas comme la plus humble plante manifester assiduité et application pour croître et s'élever en dépit des circonstances ? »

« Chaque humain présent sur la terre pour s'instruire et s'améliorer est une fleur qui doit s'ouvrir avec sa couleur spécifique et son propre arôme ; ce sont là des richesses qui doivent être offertes à tous.

Chaque bonne pensée est une fleur qui s'épanouit dans l'intellect. Chaque sentiment noble une fleur dans le cœur. Et chaque action intègre une fleur dans la volonté humaine. Grâce à l'arôme de ces trois fleurs vous pouvez jouir de la santé et de l'harmonie dans tout votre être. La floraison de la vie est un processus éternel qui s'accomplit non seulement dans les pensées, sentiments et actions mais plus encore dans l'amour.

Les fleurs sont les enfants des anges, leurs tableaux. Il ne faut ni cueillir ni piétiner les fleurs car on foule alors et on détruit une pensée ou un sentiment d'un ange. Les hommes sont encore des enfants turbulents et inconséquents. Les anges s'occupent non seulement des végétaux mais aussi de tous les règnes de la nature. »

« Pendant les premières années de la fraternité en Bulgarie, les élèves pleins d'enthousiasme arrivaient chez le Maître, porteurs de bagages sommaires et déclaraient : « Maître, nous voulons aller prêcher ! » Ils attendaient l'approbation et les encouragements du Maître, mais celui-ci leur répondait : « Non ! Ce n'est pas ainsi que vous devez prêcher ! C'est là une manière périmée. La nouvelle façon est la suivante. Vous connaissez la violette ? Elle vit humblement dissimulée parmi les herbes, mais son délicat parfum révèle au loin sa présence. Prêchez donc, vous aussi, à la manière de la violette. »

« Une fleur est un accord musical. Décomposez-la, vous aurez une mélodie. Décomposez-la de nouveau et vous trouverez une pensée, un sentiment ; en la décomposant encore, tout un monde d'images et de mouvement se dévoilera devant vous. Mais pour que toutes ces possibilités se découvrent, vous devez aimer cette fleur. L'amour c'est la clé qui ouvre lentement les portes et qui peut vous amener dans un monde inconnu et vous y faire vivre. »

« Que nous apportent les fleurs dans notre vie ? Qu'est-ce qui en émane ? Les fleurs expriment une idée, en examinant leurs formes, leurs couleurs, en respirant leur arôme et en vous concentrant, vous découvrirez le monde raisonnable qui se trouve derrière elles et qui vous parle à travers elles. »

« En vous parlant des biens que la nature offre à l'homme, je ne comprends pas seulement les biens qui entretiennent et soutiennent son organisme, mais j'entends aussi tous ceux qui l'aident à progresser dans son chemin évolutif. Un être est soucieux, tourmenté, découragé, parce qu'il ne peut résoudre un problème qui l'obsède ; en marchant dans un champ il aperçoit une fleur jaune, et il s'étonne d'avoir eu son attention attirée par elle, c'est que cette petite fleur jaune veut lui dire qu'il peut facilement résoudre son problème par la pensée. Ensuite il voit une fleur bleue, puis plus loin, une rouge ; la fleur bleue lui suggère qu'il doit avoir la foi pour trouver la solution correcte de ses soucis. Et la fleur rouge lui dit qu'il a besoin non seulement de la pensée et de la foi mais aussi de l'amour. »

« Quand L'homme se tourne vers Dieu c'est comme les fleurs qui se tournent vers le soleil. Qu'il pense à Dieu et un rayon se détachera de Lui pour pénétrer son âme.

Ce rayon est indispensable à l'homme comme la lumière du soleil l'est pour les fleurs.

Les hommes tâchent de créer une image de Dieu mais quelle forme peuvent-ils donner à la lumière ? En fait c'est elle qui crée les images et les formes. »

« La vie n'a pas de sens pour celui qui n'a pas encore compris l'amour dans ses formes les plus simples. Et sans pouvoir apprécier la vie terrestre, comment sauriez-vous apprécier la vie céleste ? Nous pouvons dire que la vie terrestre est le bouton, la vie angélique la fleur et la vie céleste le fruit mûr. Vous dites : « Je désire le fruit ! » Mais sans passer par la forme d'une fleur, un fruit ne pourra pas devenir un fruit. Et une fleur ne pourra être une fleur sans avoir été d'abord un bouton. Une certaine force est répartie dans le bouton et dépensée dans la fleur. La fleur est un langage. Lorsqu'une plante fleurit elle parle. Le parfum d'une fleur est son langage. Il y a des plantes dont le parfum est plus suave, plus agréable. Nous croyons que le parfum d'une fleur est sans contenu, en réalité il est toute une poésie semblable à l'œuvre du poète. »

« La musique de l'avenir possédera la vertu de guérison. Elle sera magique. Elle constituera pour l'homme un moyen d'animer la nature : les pierres, les arbres, les sources, tout sera vivifié par cette musique. Et quand nous disons que la ***nouvelle culture apparaîtra lorsque les fleurs parleront****, nous entendons par là que l'homme commencera à percevoir la musique qui émane d'elles. Il commencera à saisir la musique qui pénètre la nature tout entière. »*

Omraam Mikhaël Aïvanhov

Évéra

Le soleil brille,
Il nous caresse de ses rayons,
Il caresse l'herbe et les fleurs.
Le matin nous dansons la joie au cœur.
L'air est une bénédiction.
Les oiseaux volent gaiement
Au-dessus de nos têtes.
La nature tout entière rayonne de beauté.
Sous la rosée l'herbe étincelle
Et les fleurs répandent leur parfum.

Gréïé, Gréïé

Brille, brille
Brille lumière !
Brille, pour les herbes, pour les eaux,
Pour les fleurs, pour les enfants,
Et apporte la joie dans nos cœurs.

Malkiat Izvor
La petite source

Un clair rayon descend des hauteurs
Et sa lumière se pose sur les fleurs.
Non loin coule une source.
Elle jaillit légère et murmurante
Et sans fin réjouit les fleurs.

Bibliographie

Textes

Omraam Mikhaël Aïvanhov

Collection des Œuvres complètes (32 volumes)

Tome 1 – La deuxième naissance - Amour, Sagesse, Vérité
Tome 2 – L'alchimie spirituelle
Tome 3 – Les deux arbres du Paradis
Tome 4 – Le grain de sénevé
Tome 5 – Les puissances de la vie
Tome 6 – L'harmonie
Tome 7 – Les mystères de Iésod, - les fondements de la vie spirituelle
Tome 8 – Langage symbolique, langage de la nature
Tome 9 – « Au commencement était le Verbe » - commentaires des Évangiles
Tome 10 – Les splendeurs de Tiphéreth, - le soleil dans la pratique spirituelle
Tome 11 – La clef essentielle - pour résoudre les problèmes de l'existence
Tome 12 – Les lois de la morale cosmique
Tome 13 – La nouvelle terre - - Méthodes, exercices, formules, prières
Tome 14 – L'amour et la sexualité *
Tome 15 – L'amour et la sexualité **
Tome 16 – Hrani Yoga - Le sens alchimique et magique de la nutrition
Tome 17 – « Connais-toi, toi-même » Jnani yoga *
Tome 18 – « Connais-toi, toi-même » Jnani yoga **
Tome 19 – Zémia, la terre - Une pensée pour chaque jour
Tome 20 – Voda, l'eau - Une pensée pour chaque jour
Tome 21 – Veuzdouh, l'air - Une pensée pour chaque jour
Tome 22 – Oguèn, le feu - Une pensée pour chaque jour
Tome 23 – La nouvelle religion : solaire et universelle *
Tome 24 – La nouvelle religion : solaire et universelle **
Tome 25 – Le Verseau et l'avènement de l'Âge d'Or *
Tome 26 – Le Verseau et l'avènement de l'Âge d'Or **
Tome 27 – La pédagogie initiatique *
Tome 28 – La pédagogie initiatique **
Tome 29 – La pédagogie initiatique ***
Tome 30 – Vie et travail à l'École divine *
Tome 31 – Vie et travail à l'École divine **
Tome 32 – Les fruits de l'Arbre de Vie - La tradition kabbalistique

Collection Synopsis (3 tomes)

Eléments d'autobiographie

« Afin de devenir un livre vivant »
« Auprès du Maître Peter Deunov »

Dictionnaire du livre de la nature

Peter Deunov

– Collection « Le grain de blé » (128 numéros. Parution interrompue par la disparition d'Anne Bertoli qui assura la traduction avec grande fidélité à la parole du Maître Beinça Douno). Excellente introduction à l'œuvre du Maître Peter Deunov.
– « 900 pensées de Peter Deunov »

– « Le Testament de l'Amour » par Beinça Douno (Alphadar)
– « Le Pèlerin Chérubinique » par Angelus Silésius (Aubier)

Iris
– « Images et symboles de la Nature Vivante »

Sainte Thérèse de l'Enfant Jésus
– « Histoire d'une âme »

Iconographie

Ivano Marchesani
– « L'art qui éveille la Superconscience », Éditions Les rayons du Soleil

Alexander Roob
– « Alchimie et Mystique : Le Musée hermétique », Éditions Taschen

Walter Lack
– « Un jardin d'Éden », Chefs d'œuvres de l'illustration botanique, Éditions Taschen

Harish Johari
– « Chakras », Collection : Entrelacs, Éditions Librairie de Médicis

Constantin Amariu
– « Les Symboles : l'œuf » Éditions du Félin

Charles Hirsch
– « Les Symboles : l'arbre » Éditions du Félin

Louis Frédéric
– « Les Symboles : le lotus» Éditions du Félin

Ouvrages généraux

Jean Chevalier et Alain Gheerbrant
– « Dictionnaire des symboles », Collection Bouquins, Éditions Robert Laffont

Pierre A. Riffard
– « Anthologie de l'ésotérisme occidental », Collection Bouquins, Éditions Robert Laffont

Michel Mirabail
– « 50 mots-clés de l'ésotérisme », Éditions Privat

Dr Edward Bach
– « La guérison par les fleurs », Éditions Le Courrier du livre

Margit Kranewitter
– « Aspects de la peinture visionnaire initiatique », Thèse de l'Université Libre de Bruxelles

C.G.Jung
– « Commentaire sur le Mystère de la Fleur d'or », Éditions Albin Michel

Hors série n°1
– « Les très riches heures du Duc de Berry », L'Art de l'enluminure

Collectif
– « Les jardins de Findhorn », Éditions Nature et Progrès

Monades
Revue des spiritualités et traditions – 78860 Saint Nom de la Bretèche

Références

Pages

11	– Pensées quotidiennes - 1998 », pensée du 10 septembre
12	– Pensées quotidiennes - 1999 », pensée du 24 août
13	– « Zémia, la terre », Œuvres complètes tome 19 – Pensée du 30 mai
14	– « Zémia, la terre », Œuvres complètes tome 19 – Pensée du 10 décembre
	– « Pensées quotidiennes – 1993», pensée du 2 mai
15	– « Pensées quotidiennes – 1996», pensée du 23 octobre
16	– « Veuzdouh, l'air», Œuvres complètes tome 21– Pensée du 22 mars
	– « Vie et travail à l'école divine », Œuvres complètes tome 31 – Chap. VII, 2
18	– « Pensées quotidiennes – 2006», pensée du 5 août
	– « Pensées quotidiennes – 1998», pensée du 16 août
19	– « Aux sources inaltérables de la joie», Izvor n° 242 – Chap. V
20	– « Pensées quotidiennes – 2001», pensée du 28 octobre
21	– « Pensées quotidiennes – 2004», pensée du 25 août
22	– « Veuzdouh, l'air», Œuvres complètes tome 21 – Pensée du 22 juillet
23	– « L'amour et la sexualité », Œuvres complètes tome 15 – Chap. VII, 2
24	– « Oguèn, le feu », Œuvres complètes tome 22 – pensée du 14 juillet
26 à 27	– « Pensées quotidiennes – 2006 », pensée du 21 mars
28	– « Pensées quotidiennes – 2006», pensée du 16 avril
30	– « Pensées quotidiennes – 2005», pensée du 16 août
31 à 32	– « La deuxième naissance – Amour, Sagesse, Vérité », Œuvres complètes tome 1 – Chap. I
	– « La pédagogie initiatique », Œuvres complètes tome 28 – Chap. VII
33	– « Pensées quotidiennes – 2006», pensée du 1er avril
34	– « Voda, l'eau », Œuvres complètes tome 20 – Pensée du 18 mars
35	– « Les secrets du livre de la nature», Izvor n°216 – Chap. IX
36	– « Pensées quotidiennes – 1991», pensée du 28 décembre
38 à 39	– « Qu'est-ce qu'un fils de Dieu ? », Izvor n° 240 – Chap. VIII
40	– « Pensées quotidiennes – 2005», pensée du 6 février
42	– « Les mystères de Iésod, les fondements de la vie spirituelle », Œuvres complètes tome 7 – Introduction
43	– « Parole solaire », Sila – Chap. 1
45	– « Les semences du bonheur», Izvor n° 231 – Chap. XIX
46	– Dictionnaire du livre de la nature, analogies, images, symboles – Le parfum
47	– « Auprès du Maître Peter Deunov » – Chap. 9
48	– « Auprès du Maître Peter Deunov » – Chap. 5
49	– « Parole de fraternité », Sila – Chap. 20
50	– « Auprès du Maître Peter Deunov » – Chap. 6 et 9
51	– « Le Verseau et l'avènement de l'âge d'or », Œuvres complètes tome 26 – Chap. VI
52 à 53	– « Les splendeurs de Tiphéreth, le soleil dans la pratique spirituelle », Œuvres complètes tome 10 – Chap. XX

54 – Dictionnaire du livre de la nature, analogies, images, symboles – « La quintessence »
56 – « Aux sources inaltérables de la joie », Izvor n° 242 – Chap. XVIII
61 – « Les mystères de Iésod, les fondements de la vie spirituelle »,
Œuvres complètes tome 7 – Chap. IV
62 à 65 – « Afin de devenir un livre vivant », chap. VI
66 à 68 – « Afin de devenir un livre vivant », chap. VI
69 à 71 – « Afin de devenir un livre vivant », chap. VI
72 – « Afin de devenir un livre vivant », chap. VI
73 à 75 – « Afin de devenir un livre vivant », chap. VI
77 à 78 – « Afin de devenir un livre vivant », chap. VI
79 – « Parole solaire », Sila – Chap. 16
85 – Robert Soubeyran « Le rôle de la musique » tome 1, chap. V
87 – Conférence du 8 avril 1945 (non publiée)
88 à 90 – « L'alchimie spirituelle », Œuvres complètes tome 2 – Chap. VIII
91 à 93 – « Langage symbolique, langage de la nature », Œuvres complètes tome 8 – Chap. V
95 – « Pensées quotidiennes – 1998», pensée du 24 décembre
97 – « Pensées quotidiennes – 1999», pensée du 10 janvier
– « Oguèn, le feu », Œuvres complètes tome 22 – Pensée du 12 octobre
99 à 100 – « Vous êtes des dieux », Synopsis tome 1 – Partie VII, chap. 4
101 – « Afin de devenir un livre vivant », chap. XI
102 – « L'alchimie spirituelle », Œuvres complètes tome 2 – Chap. VIII
103 – « Oguèn, le feu », Œuvres complètes tome 22 – Pensée du 27 août
104 – « Les deux arbres du paradis », Œuvres complètes tome 3 – Chap. VI
105 à 107 – « Le grain de sénevé », Œuvres complètes tome 4 – Chap. X
109 à 111 – « Et il me montra un fleuve d'eau de vie »,
Synopsis tome 3 – Partie XII, chap. 3
112 à 113 – « La région de l'éternel printemps », Fascicule 5 – Page 27
114 – « Pensées quotidiennes – 2012 », pensée du 29 juillet
115 – « Pensées quotidiennes – 2012 », pensée du 31 août
118 – « Le grain de blé – n° 96 », pages 26 et 27
– « Le grain de blé – n° 54 »
119 – « Le grain de blé – n° 71 », page 26
– « Le grain de blé – n° 98 », page 29
120 – « Le grain de blé – n° 69 », page 4
– « Le grain de blé – n° 65 »
– « Le grain de blé – n° 91 », page 2
121 – « Le grain de blé – n° 91 », page 2
– « Le testament de l'Amour », par Beinça Douno (Alphadar)
122 – « Le testament de l'Amour », par Beinça Douno (Alphadar)

Éditeur-Distributeur
Éditions Prosveta S.A. - Z.A. Le Capitou - CS 30012
F - 83601 Fréjus CEDEX (France)
Tél. (33) 04 94 19 33 33 – Fax (33) 04 94 19 33 34
international@prosveta.com - www.prosveta.fr – www.prosveta.com

Retrouvez la liste internationale des éditeurs, diffuseurs et points de vente Prosveta, sur :

www.prosveta.fr — www.prosveta.com

Achevé d'imprimer en juillet 2013 par XL Print
42010 Saint-Étienne — France
N° d'imprimeur : P056537/00
Dépôt légal : juillet 2013